CHINESISCHE ZÄHLEINHEITSWÖRTER
ZAHLEN UND MAẞEINHEITEN

量词、数字、单位

LIANGCI, SHUZI, DANWEI

Hajo Elsner

CHINESISCHE ZÄHLEINHEITSWÖRTER ZAHLEN UND MAßEINHEITEN

量词、数字、单位
LIÀNGCÍ, SHÙZÌ, DĀNWÈI

Re Di Roma-Verlag

Bibliografische Information der Deutschen Nationalbibliothek:
Die Deutsche Nationalbibliothek verzeichnet diese Publikation in der Deutschen Nationalbibliografie; detaillierte bibliografische Daten sind im Internet über http://dnb.ddb.de abrufbar.

ISBN 978-3-86870-350-4

www.rediroma-verlag.de
11,95 Euro (D)

Meinem Pa
als letzten Gruß

Mein besonderer Dank gilt

Wang Yu, die mir 2002 an der VHS Ilmenau die ersten chinesischen Töne beigebracht hat,

Ge Lingling, eine ehemalige Kollegin in Shenzhen, die mir auch heute noch Fragen per eMail beantwortet,

Liu Yuanyuan, die Sinologiestudentin an der Uni Shenzhen und mir eine gute Lehrerin war,

Tang Zhongying und Wang Jiheng, die mir als Kollegen in Shenzhen alle Fragen geduldig beantwortet haben,

sowie allen aktiven Mitgliedern, die mir im Deutsch-Chinesisch-Forum von dict.leo.org geholfen haben.

Weiterhin danke ich meiner Mutter, die als ehemalige Deutschlehrerin das Korrekturlesen des deutschen Teils dieses Buches übernommen hat.

Und natürlich gilt mein Dank dem Team des Re Di Roma-Verlags, das mich bei der Veröffentlichung unterstützt hat.

Inhaltsverzeichnis

Vorwort

Wohl jeder Europäer, der Chinesisch lernt, stößt in einer der ersten Lektionen, nachdem der Muskelkater von den Ausspracheübungen vergangen ist, auf eine grammatikalische Besonderheit der chinesischen Sprache: Die sogenannten Zähleinheitswörter.

Zähleinheitswörter dienen der Definition von Mengenangaben und sind auch im Deutschen gebräuchlich, wie zum Beispiel das Wort "Stück" in "ein Stück Torte". Anders als im Deutschen muss aber im Chinesischen nach einem Zahlwort nahezu immer ein Zähleinheitswort folgen. Man kann also im Chinesischen nicht einfach sagen "ein Buch", sondern es heißt, sinngemäß übersetzt, "ein Stück Buch".

Es gibt, wie man im Chinesischunterricht erfährt, ungefähr 200 chinesische Zähleinheitswörter. Üblicherweise werden aber nur die 20 gebräuchlichsten erwähnt - wenn überhaupt so viele.

Da mir die im Unterricht gegebenen Informationen nicht reichten, habe ich ziemlich bald nach den ersten Lektionen damit angefangen, alle Hinweise zu chinesischen Zähleinheitswörtern zu sammeln, die ich aus Freunden, Kollegen, Lehrern, Wörterbüchern und dem Internet herauskitzeln konnte.

Diese Sammlung mit Beispielen und Querverweisen zu verwandten Einträgen bildet den Hauptteil des vorliegenden Buches.

Um das Ganze abzurunden, beginnt der thematische Teil mit einer allgemeinen Einführung in die Welt der chinesischen Zahlen und endet mit einer Liste chinesischer Äquivalente international gebräuchlicher Maßeinheiten.

Die abschließenden Register machen aus diesem Buch hoffentlich auch ein nützliches Nachschlagewerk.

Hinweise für die Benutzung

Deutsche Rechtschreibung

In diesem Buch wird die seit dem 1.8.2006 in Deutschland gültige Rechtschreibung verwendet.

In Zweifelsfällen wird, soweit weiterhin zulässig, die "alte" Rechtschreibung bevorzugt, wie sie in Deutschland bis zum 1.8.1998 gültig und in amtlichen Schreiben, Schulbüchern und Ähnlichem zunächst bis 2005, nach der vom Rat für deutsche Rechtschreibung (aufgrund massiver Proteste von Schriftstellern und Verlagen) erarbeiteten Neuregelung dann bis 1.8.2007 erlaubt war.

Für das folgende Beispiel "Handvoll" [1] hätte die ursprüngliche Rechtschreibreform mit der generellen Festlegung der Schreibweise "Hand voll" eine Verarmung der deutschen Sprache und eventuell Deutungsprobleme verursacht (Dies wurde in der Neuregelung zwar zurückgenommen, die Getrenntschreibung ist aber weiterhin generell zulässig):

Die Übersetzung von "一把米 yī bă mǐ" ist "eine Handvoll Reis" und nicht "eine Hand voll Reis". Eine Hand voll[2] Reis bekommt man, wenn man sich die Hand mit Sonnencreme einschmiert, in einen Sack Reis steckt und wieder herauszieht. Das geht auch mit einem Bein voll Kacke - dazu braucht man nicht mal Sonnenkreme. Es gab aber nie das Wort "Beinvoll", was den Unterschied verdeutlicht. Schlussendlich ist Handvoll hier eine Maßeinheit, und man sagt und schreibt ja auch nicht "ein Kilo Gramm Reis".

---

[1] *Der Leipziger Duden von 1979 schreibt dazu: Handvoll (ein Maßbegriff); eine, zwei, etliche, einige, ein paar Handvoll, aber: die Hand voll [Nüsse] haben*

[2] *Der Vollständigkeit halber sei erwähnt, dass "voll" an dieser Stelle früher auch "voller" hieß (regional immer noch gebräuchlich). Damit wäre eine Unterscheidung zwischen "eine Hand voll Reis" und "eine Hand voller Reis" möglich gewesen. Jedoch spätestens im Leipziger Duden von 1979 steht unter dem Stichwort "voller" der Verweis auf "voll", und dort steht bzgl. des hier angesprochenen Kontexts "voll oder die erstarrte Genitivform voller".*
Vgl auch "Der Baum hängt voller Früchte" 树上结满了果实 shù shàng jiēmănle guŏshí

Pinyin-Umschrift

Alle chinesischen Wörter und Phrasen werden in diesem Buch auch in der lateinischen Lautumschrift 汉语拼音 hànyǔ pīnyīn angegeben, die 1958 als "Phonetisches Alphabet der chinesischen Sprache" eingeführt wurde.

Die Angabe des Aussprachetones erfolgt dabei immer in der Basisform der jeweiligen Silbe, ungeachtet der im alltäglichen Sprachgebrauch üblichen Tonverlaufswechsel.

Dies erleichtert einerseits das Auffinden der chinesischen Zeichen in Wörterbüchern, erfordert andererseits jedoch die Kenntnis der Ausspracheregeln, die hier deshalb kurz erläutert werden.

Tonwechsel bei 一 yī und 不 bù

一 yī wird eigentlich nur beim Zählen, in Nummern oder als Ordinalzahl im ersten Ton gesprochen. Ansonsten wird es vor Silben im 4. Ton "yí" (2. Ton) und vor Silben im 1., 2. oder 3. Ton "yì" (4.Ton) ausgesprochen.

Schreibweise	Aussprache
一，二，三 yī, èr, sān (1, 2, 3)	yī, èr, sān
一千 yīqiān (1000)	yìqiān
一级风 yī jí fēng (Windstärke 1)	yì jí fēng
一口气 yī kǒu qì (1 Atemzug)	yì kǒu qì
一色 yīsè (einfarbig)	yísè

不 bù hat normalerweise den 4. Ton. Vor Silben im 4. Ton wird es jedoch "bú" (2.Ton) ausgesprochen.

Schreibweise	Aussprache
不畏 bùwèi (trotz)	búwèi

Tonwechsel von Silben im dritten Ton

Folgen zwei Silben im dritten Ton aufeinander, so wird die erste Silbe ähnlich dem zweiten Ton gesprochen:

Schreibweise	Aussprache
二百五 èrbǎiwǔ (Trottel)	èrbáiwǔ
五本书 wǔ běn shū (5 Bücher)	wú běn shū
两百 liǎngbǎi (200)	liángbǎi

Tonwechsel vor Silben im "schwachen Ton"

Der "schwache Ton" wird in der Pinyinumschrift ohne Akzentzeichen geschrieben.

Eigentlich gibt es aber gar keinen "schwachen Ton" - jedenfalls nicht im Sinne wie "erster", "zweiter", "dritter" und "vierter Ton" - gemeint ist mit "schwachem Ton", dass eine Silbe nicht betont wird.

Zum Beispiel wird im Chinesischen bei zweisilbigen Wörtern normalerweise die zweite Silbe betont. Falls es jedoch mal andersrum ist, wird die zweite Silbe in der Pinyinumschrift im "schwachen Ton" geschrieben. Das heißt aber nur, dass stattdessen die erste Silbe betont wird. Die zweite Silbe behält ihren (1. bis 4.) Ton, wird halt nur nicht betont.

Für die Aussprache der Silbe vor einer Silbe im "schwachen Ton" bleiben deshalb alle Regeln der Tonverlaufsänderung in Kraft.

Schreibweise	Aussprache	Grund
一个人 yī ge rén (1 Mensch)	yí ge rén	一个 yī gè
哪里 nǎli (Wo?)	náli	哪里 nǎlǐ

Abkürzungen und Symbole im Text

⇨	siehe
⬀	besser
~	ersetzt Wortwiederholung
Abk	Abkürzung
agro	Agronomie
am.	amerikanisch
brit	britisch
Bsp	Beispiel
bzgl	bezüglich
chin	chinesisch
comput	Computer
dt	deutsch
Dtl	Deutschland
druckw	Druckwerk
engl	englisch
etc	et cetera
etw	etwas
hist	historisch
höfl	höflich
i.e.	id est (*lat* "das ist")
insb	insbesondere
j-d	jemand
j-m	jemandem
j-n	jemanden
j-s	jemandes
jur	Jura / juristisch
landw	Landwirtschaft / ~lich
lat	Latein
lautm	lautmalerisch
math	Mathematik / mathematisch
mdl	mündlich
ME	Maßeinheit
milit	militärisch
ökon	Ökonomie / ökonomisch
Pl	Plural
rel	Religion / religiös
russ	Russisch
S.	Seite
sprachw	Sprachwissenschaft / ~lich
subst.	substantivisch
tibet	tibetanisch
u.a.	unter anderem
umg	umgangssprachlich
vgl	vergleiche
ZE	Zähleinheit
ZEW	Zähleinheitswort
ZW	Zählwort
zool	Zoologie / zoologisch

Einordnung chinesischer Stichwörter

Die "Liste der Zähleinheitswörter" (S. 39) enthält die Einträge in alphabetischer Reihenfolge. In diesem Kapitel sowie in Indizes chinesischer Wörter werden folgende Sortierkriterien verwendet:

1. Die Ordnung erfolgt alphabetisch anhand der Silben in der Pinyinumschrift.
   (Nach dieser Sortierung erscheinen, wie in modernen chinesischen Wörterbüchern üblich, z.B. alle Wörter, die mit der Silbe xin beginnen, vor Wörtern, die mit der Silbe xing beginnen, also xinxin vor xing)
2. Innerhalb gleicher Pinyinumschrift erfolgt die Sortierung nach den vier Aussprachetönen.
   Zum Beispiel: 妈 mā vor 麻 má vor 马 mǎ vor 骂 mà vor 嘛 ma.
3. Bei gleicher Pinyinumschrift und gleichem Ton erfolgt die Sortierung anhand der in chinesischen Wörterbüchern üblichen Radikalenlisten (siehe "Radikalenliste" S. 16).
4. Bei gleicher Pinyinumschrift, gleichem Ton und gleichem Radikal erfolgt die Sortierung nach Anzahl der Striche.

Einträge in der Liste der Zähleinheitswörter

Die Einträge in der "Liste der Zähleinheitswörter" (S. 39) haben folgenden Aufbau:

<table>
<tr><td rowspan="2">简[3]
繁[4]
pīnyīn</td><td colspan="2">Bedeutung als normales Wort, ursprüngliche Bedeutung[5]</td></tr>
<tr><td>Bedeutung als ZEW</td><td>Beispiel
例子 lìzi</td></tr>
</table>

[3] 简化字 jiǎnhuàzì *Kurzzeichen (simplified character)*

[4] 繁体字 fántǐzì *Langzeichen (traditional character) - wird nur angegeben, wenn es sich vom Kurzzeichen unterscheidet*

[5] *Es werden nur die hauptsächlichen Bedeutungen angegeben. Einige Zeichen können, abhängig vom Kontext, sehr viele weitere Bedeutungen haben.*

Suche im Schriftzeichenindex

Der Schriftzeichenindex ermöglicht die Suche von Schriftzeichen anhand der Schreibweise, ohne Kenntnis der Aussprache. Die Zeichen sind dazu in einer Liste nach Radikalen und Strichanzahl sortiert.

Langzeichen wurden, soweit sie in diesem Buch angegeben werden, in den Schriftzeichenindex integriert. Die Radikalenliste wurde entsprechend erweitert.

Um ein Zeichen zu finden, suche man zunächst das Radikal des Zeichens in der Radikalenliste. Diese enthält die Radikale sortiert nach Anzahl der Schreibstriche. Hinter dem Radikal steht eine Nummer, unter der die zugehörigen Zeichen in der Schriftzeichenliste gefunden werden können.

Im Zweifelsfall wird ein Schriftzeichen unter mehreren Radikalen aufgeführt.

In der Schriftzeichenliste stehen die zu einem Radikal gehörenden Zeichen sortiert nach der Anzahl der Schreibstriche, die ein Zeichen zusätzlich zu den Strichen des Radikals enthält. Als Ergebnis erhält man die Aussprache des Zeichens.

Chinesische Zeichen können mehrere Aussprachen haben. Hier werden nur diejenigen angegeben, die im Buch in alphabetisch geordneten Listen und Indizes gefunden werden können. Falls mehrere Aussprachen vorhanden sind, werden diese untereinander aufgeführt.

Beispiel: Gesucht wird das Zeichen 本. Es enthält das Radikal 木 mit 4 Strichen sowie 1 zusätzlichen Strich.
In der Radikalenliste findet man unter "4 Striche" den Eintrag 木 [60].
In der Schriftzeichenliste findet man unter Nummer [60] den Eintrag: 本 $_1$ běn
běn gibt die Aussprache an, $_1$ die Anzahl der zusätzlichen Striche.

Schriftzeichenindex

Radikalenliste

1 Strich

丶 [1]
一 [2]
丨 [3]
丿 [4]

2 Striche

亠 [5]
冫 [6]
讠 [7]
二 [8]
十 [9]
厂 [10]
匚 [11]
卜 ⺊ [12]
刂 [13]
冂 [14]
八丷 [15]
人入 [16]
亻 [17]
勹 [18]
儿 [19]
厶 [20]
又 [21]
阝 [22]
阝 [23]
凵 [24]
刀⺈ [25]

3 Striche

氵 [26]
宀 [27]
丬 [28]
广 [29]
门 [30]
辶 [31]
工 [32]
土 [33]
士 [34]
廾 [35]
大 [36]
寸 [37]
扌 [38]
小⺌ [39]
口 [40]
囗 [41]
巾 [42]
山 [43]
彳 [44]
夕 [45]
夂 [46]
彐 [47]
尸 [48]
弓 [49]
子 [50]
纟 [51]

4 Striche

灬 [52]
斗 [53]
文 [54]
方 [55]
火 [56]
心 [57]
户 [58]
王 [59]
木 [60]
歹 [61]
车 [62]
戈 [63]
瓦 [64]
止 [65]
日 [66]
曰 [67]
贝 [68]
手 [69]
毛 [70]
攵 [71]
片 [72]
斤 [73]
月 [74]
欠 [75]
殳 [76]
尹 [77]
爿 [78]
水 [79]

5 Striche

立 [80]
穴 [81]
示 [82]
石 [83]
龙 [84]
目 [85]
田 [86]
四罒 [87]
皿 [88]
钅 [89]
禾 [90]

6 Striche

衣 [91]
羊 [92]
米 [93]
耳 [94]
页 [95]
虍 [96]
缶 [97]
舌 [98]
竹⺮ [99]
舟 [100]
羽 [101]
聿 [102]
糸 [103]

7 Striche

辛 [104]
言 [105]
走 [106]
豆 [107]
車 [108]
里 [109]
貝 [110]
足 [111]
身 [112]
角 [113]

8 Striche

其 [114]
金 [115]
隹 [116]
飠 ⇨ 食
門 [117]

9 Striche

頁 [118]
食飠 [119]

12 Striche

黑 [120]

16 Striche

龍 [121]

Schriftzeichenliste

Mit * gekennzeichnete Einträge sind im Kapitel "Historische Maßeinheiten" (S. 141) zu finden, alle anderen in der "Liste der Zähleinheitswörter" (S. 39).

丶 [1]
丸$_2$ wán

一 [2]
下$_2$ xià
丈 zhàng *
开$_3$ kāi
册$_4$ cè
丝 sī
来$_6$ lái
两 liǎng *
來$_7$ lái
兩 liǎng *
面$_8$ miàn

丨 [3]
出$_4$ chū
串$_6$ chuàn

丿 [4]
年$_5$ nián

亠 [5]
亩$_5$ mǔ *
夜$_6$ yè
畝$_8$ mǔ *
毫$_9$ háo

冫 [6]
次$_4$ cì

讠 [7]
记$_3$ jì
诫$_7$ jiè
课$_8$ kè

二 [8]
开$_2$ kāi
元 yuán
些$_6$ xiē

十 [9]
支$_2$ zhī
克$_5$ kè *

厂 [10]
厘$_7$ lí

匚 [11]
匹$_2$ pǐ

卜 ⺊ [12]
下$_1$ xià
桌$_8$ zhuō

刂 [13]
列$_4$ liè
则 zé
剂$_6$ jì
刻 kè
則$_7$ zé
副$_9$ fù
劑$_{14}$ jì

冂 [14]
周$_6$ zhōu

八丷 [15]
分$_2$ fēn
半$_3$ bàn
只 zhī
卷$_6$ juǎn
juàn
具 jù
首$_7$ shǒu

人入 [16]
个$_1$ gè
令$_3$ lǐng
合$_4$ hé
gě *
会 huì
余$_5$ yú
舍$_6$ shè *
盒$_9$ hé
會$_{11}$ huì

亻 [17]
仨$_3$ sā
代 dài
仞 rèn *
伙$_4$ huǒ
件 jiàn
任 rèn
份 fèn
位$_5$ wèi
俩$_7$ liǎ
倆$_8$ liǎ
倍 bèi
條 tiáo
個 gè
停$_9$ tíng

勹 [18]
勺$_1$ sháo
句$_3$ jù
包 bāo
旬$_4$ xún

儿 [19]
克$_5$ kè *

厶 [20]
台$_3$ tái

又 [21]
又 yòu
支$_2$ zhī
双 shuāng
对$_3$ duì
发 fā
隻$_8$ zhī
叠$_{11}$ dié
雙$_{16}$ shuāng

阝 [22]
队$_2$ duì
阵$_4$ zhèn
陣$_7$ zhèn
隊$_9$ duì

阝 [23]
部$_8$ bù

凵 [24]
画$_6$ huà

刀⺈ [25]
刀 dāo
分$_2$ fēn
色$_4$ sè

氵 [26]
汪$_4$ wāng
泡$_5$ pāo
泓 hóng
派$_6$ pài
流$_7$ liú
滴$_{11}$ dī
潭$_{12}$ tán

宀 [27]
宗$_5$ zōng
客$_6$ kè
家$_7$ jiā
宿$_8$ xiǔ

丬 [28]
爿 pán

广 [29]
床$_4$ chuáng
度$_6$ dù

席 7 xí
座 zuò
庹 8 tuǒ *

门 [30]

门 mén
间 4 jiān
阕 9 què

辶 [31]

巡 3 xún
进 4 jìn
通 7 tōng
tòng
週 8 zhōu
道 9 dào
遍 biàn
遭 11 zāo

工 [32]

项 6 xiàng
項 9 xiàng

土 [33]

场 3 cháng
chǎng
坛 4 tán
块 kuài
坨 5 tuó
垧 6 shǎng *
堵 8 dǔ
埯 ǎn
堆 duī
場 9 cháng
chǎng
塊 kuài
墩 12 dūn

士 [34]

声 4 shēng
壶 7 hú
壺 9 hú
臺 11 tái

艹 [35]

节 2 jié
苗 5 miáo
茎 jīng
茬 6 chá
莖 7 jīng
幕 10 mù
蓬 péng

大 [36]

天 1 tiān
头 2 tóu
套 7 tào

寸 [37]

寸 cùn *
对 2 duì
寻 3 xún *
封 6 fēng
尊 9 zūn
尋 xún *
對 11 duì

扌 [38]

扎 1 zā
zhā
打 2 dá
扣 3 kòu
批 4 pī
折 zhé
把 bǎ
抹 5 mǒ
担 dān
拃 zhǎ
抱 bào
拨 bō
挂 6 guà
挡 dǎng
挑 tiāo
挺 tǐng
指 zhǐ
捆 7 kǔn
捧 8 pěng
捺 nà
排 pái
掛 guà
捲 juǎn
摟 9 lǒu
提 tí
摊 10 tān
摞 11 luò
撇 piě
摟 lǒu
撮 12 cuō
zuǒ
撥 bō
擔 13 dān
擋 dǎng
攤 19 tān

小⺌ [39]

堂 8 táng

口 [40]

口 kǒu
号 2 hào
只 zhī
合 3 hé
gě *
名 míng
员 4 yuán
听 tīng
和 5 huò
味 wèi
員 7 yuán
喷 9 pèn
號 10 hào
噴 12 pèn

囗 [41]

团 3 tuán
回 huí
围 4 wéi
圍 9 wéi
團 11 tuán

巾 [42]

帖 5 tiě
帮 6 bāng
帧 zhēn
幅 9 fú
幀 zhēn
幕 10 mù
幢 12 zhuàng
幫 14 bāng

山 [43]

岁 3 suì

彳 [44]

行 3 háng

夕 [45]

名 3 míng
岁 suì
多 duō
夥 11 huǒ

夂 [46]

处 2 chù
条 4 tiáo

彐 [47]

寻 3 xún *
尋 9 xún *

尸 [48]

尺 1 chǐ *
层 4 céng
尾 wěi
局 jú
届 5 jiè
咫 6 zhǐ *
層 12 céng

弓 [49]

弓 gōng *
引 1 yǐn *
张 4 zhāng
弱 7 ruò
張 8 zhāng
强 9 qiáng

發 fā

子 [50]

子 zǐ
孔$_{1}$ kǒng

纟 [51]

级$_{3}$ jí
纸$_{4}$ zhǐ
线$_{5}$ xiàn
组 zǔ
绞$_{6}$ jiǎo
绺$_{8}$ liǔ
维 wéi
缕$_{9}$ lǚ

灬 [52]

点$_{5}$ diǎn

斗 [53]

斗 dǒu *
斛$_{7}$ hú *

文 [54]

文 wén

方 [55]

方 fāng
房$_{4}$ fáng

火 [56]

炉$_{4}$ lú
烛$_{6}$ zhú
燭$_{13}$ zhú
爐$_{16}$ lú

心 [57]

忽$_{4}$ hū *

户 [58]

房$_{4}$ fáng
扇$_{6}$ shàn

王 [59]

环$_{4}$ huán
班$_{6}$ bān
環$_{13}$ huán

木 [60]

本$_{1}$ běn
朵$_{2}$ duǒ
杆$_{3}$ gǎn
束 shù
杯$_{4}$ bēi
枝 zhī
枚 méi
板 bǎn
栏$_{5}$ lán
柄 bǐng
栋 dòng
架 jià
校$_{6}$ jiào
桩 zhuāng
样 yàng
档 dàng
桌 zhuō
株 zhū
格 gé
根 gēn
桶$_{7}$ tǒng
棟$_{8}$ dòng
棵 kē
集 jí
楼$_{9}$ lóu
楹 yíng
横$_{11}$ héng
樁 zhuāng
樓 lóu
樣 yàng
檔$_{13}$ dàng
欄$_{17}$ lán

歹 [61]

列$_{2}$ liè

车 [62]

转$_{4}$ zhuàn
轮 lún
轴$_{5}$ zhóu
载$_{6}$ zǎi
辆$_{7}$ liàng
辈$_{8}$ bèi

戈 [63]

成$_{2}$ chéng
戒$_{3}$ jiè
载$_{6}$ zǎi
載$_{9}$ zǎi
截$_{10}$ jié

瓦 [64]

瓶$_{6}$ píng

止 [65]

步$_{3}$ bù
歲$_{9}$ suì

日 [66]

日 rì
旬$_{2}$ xún
星$_{5}$ xīng
景$_{8}$ jǐng

曰 [67]

沓$_{4}$ dá

贝 [68]

贴$_{5}$ tiē

手 [69]

手 shǒu

毛 [70]

毛 máo

攵 [71]

釐$_{14}$ lí

片 [72]

片 piàn
版$_{4}$ bǎn

斤 [73]

斤 jīn *
所$_{4}$ suǒ

月 [74]

月 yuè
有$_{2}$ yòu
股$_{4}$ gǔ
服 fù
胎$_{5}$ tāi
期$_{8}$ qī

欠 [75]

款$_{8}$ kuǎn

殳 [76]

段$_{5}$ duàn

聿 [77]

畫$_{8}$ huà

爿 [78]

爿 pán

水 [79]

沓$_{4}$ dá

立 [80]

竖$_{4}$ shù
豎$_{8}$ shù

穴 [81]

窝$_{7}$ wō
窩$_{8}$ wō

示 [82]

票 piào

石 [83]

石 dàn *
码$_{3}$ mǎ
碗$_{8}$ wǎn
碼$_{10}$ mǎ
磅 bàng
磴$_{12}$ dèng

龙 [84]

袭$_{6}$ xí

目 [85]

眼$_{6}$ yǎn

田 [86]

亩$_{2}$ mǔ *
畝$_{5}$ mǔ *
番$_{7}$ fān

四罒 [87]

罗$_{3}$ luó

羅 14 luó

皿 [88]

盅 4 zhōng
盆 pén
盏 5 zhǎn
盒 6 hé
盘 pán
盞 8 zhǎn
盤 10 pán

钅 [89]

针 2 zhēn
钧 4 jūn *
钱 5 qián *
铢 6 zhū *
锅 7 guō
锭 8 dìng
锱 zī *
锾 9 huán *
锹 qiāo

禾 [90]

和 3 huò
种 4 zhǒng
秩 5 zhì
種 9 zhǒng

衣 [91]

袭 5 xí
袋 dài
襲 16 xí

羊 [92]

群 7 qún

米 [93]

粒 5 lì

耳 [94]

聲 11 shēng
聽 16 tīng

页 [95]

页 yè
顶 2 dǐng
顷 qǐng *
项 3 xiàng
顿 4 dùn
领 5 lǐng
颗 8 kē

虍 [96]

處 5 chù

缶 [97]

罎 16 tán
罐 17 guàn

舌 [98]

舍 2 shè *

竹⺮ [99]

笔 4 bǐ
筐 6 kuāng
等 děng
筆 bǐ
節 7 jié
管 8 guǎn
篇 9 piān
箱 xiāng
簇 11 cù

舟 [100]

盘 5 pán
艘 9 sōu
盤 pán

羽 [101]

扇 4 shàn

聿 [102]

畫 6 huà

糸 [103]

級 3 jí
紮 4 zā
紙 zhǐ
紮 5 zā
組 zǔ
絞 6 jiǎo
絲 sī
綑 7 kǔn
綫 8 xiàn
維 wéi
綹 liǔ
縷 11 lǚ

辛 [104]

辮 10 biàn
瓣 12 bàn
辮 13 biàn

言 [105]

記 3 jì
誡 7 jiè
課 8 kè

走 [106]

起 3 qǐ
趟 8 tàng

豆 [107]

頭 9 tóu

車 [108]

軸 5 zhóu
載 6 zǎi
輛 8 liàng
輩 bèi
輪 lún
轉 11 zhuàn

里 [109]

里 lǐ *
厘 2 lí

貝 [110]

則 2 zé
貼 5 tiē

足 [111]

路 6 lù

身 [112]

身 shēn

角 [113]

角 jiǎo
斛 4 hú *

其 [114]

期 4 qī

金 [115]

針 2 zhēn
鈞 4 jūn *
銖 6 zhū *
錢 8 qián *
鍋 guō
錠 dìng
錙 zī *
鍰 9 huán *
鍬 qiāo
鑽 19 zuàn

隹 [116]

隻 2 zhī
集 4 jí
雙 10 shuāng

門 [117]

門 mén
開 4 kāi
間 jiān
闋 9 què

頁 [118]

頁 yè
頂 2 dǐng
頃 qǐng *
項 3 xiàng
頓 4 dùn
領 5 lǐng
頭 7 tóu
顆 8 kē

食飠 [119]

餐 7 cān
餘 yú

黑 [120]

點 5 diǎn

龍 [121]

龔 6 xí

Zahlen

Die chinesischen Grundzahlwörter

Zahl	normale Zeichen	zusätzliche und historische Zeichen	sichere Schreibweise[6]
0	零 líng	〇 líng (moderne vereinfachte Schreibweise)	
1	一 yī	幺 yāo (⇨ "Nummern", S. 25)	壹 yī
2	二 èr	两 liǎng (vor ZEW)	贰 èr
		俩 liǎ (wird ohne ZEW gebraucht)	
3	三 sān	仨 sā (wird ohne ZEW gebraucht)	叁 sān
4	四 sì		肆 sì
5	五 wǔ		伍 wǔ
6	六 liù		陆 liù
7	七 qī		柒 qī
8	八 bā		捌 bā
9	九 jiǔ		玖 jiǔ
10	十 shí		拾 shí
Dutzend (12, ZEW)		打 dá	
20		廿 niàn	念 niàn
30		卅 sà	
40		卌 xì	
100	百 bǎi		佰 bǎi
Gros (144, ZEW)		罗 luó	
200		皕 bì	
1000	千 qiān		仟 qiān
10000	万 wàn		
100000000	亿 yì[7]		

---

[6] *z.B. auf Banknoten*

[7] *Früher wurde 亿 yì auch für 10^5 = 100000 verwendet, im heutigen Sprachgebrauch bedeutet es aber üblicherweise 100 Millionen (siehe Kapitel "Vorsätze",S. 139).*

Handzeichen

In China können die Zahlen 1 bis 10 mit einer Hand angezeigt werden. Dieses System wurde angeblich von den Frauen erfunden, die mit dem Korb in der Hand auf dem Markt nur eine Hand frei hatten, um zu zeigen, wieviel sie von etwas wollten.

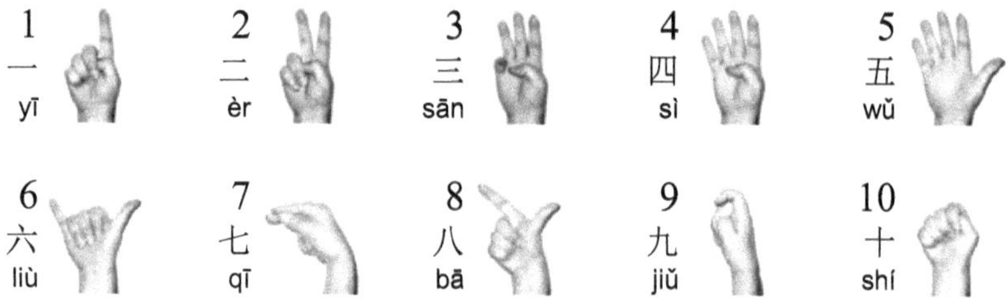

Dies birgt für nichteingeweihte Deutsche zwei Fallen:

 bedeutet "gut" und nicht "1",

 bedeutet "8" und nicht "2".

Als ich das erste Mal in China war (noch ohne jede Ahnung der Sprache und Kultur), bin ich abends mit einem mitreisenden Kollegen in ein Straßenrestaurant gegangen. Ich wollte etwas essen, mein Kollege nicht. Als die Kellnerin kam, habe ich auf die Nudeln am Nachbartisch gezeigt und, um eine Portion davon zu bestellen,  gemacht.

Das bedeutet für Chinesen aber nicht "1 mal" sondern "gut". Wir bekamen also jeder einen Teller Nudeln.

Zum Glück hatte mein Kollege nichts essen wollen, sonst hätte ich nämlich 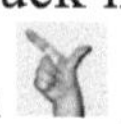 gezeigt, und wir hätten 8 Teller Nudeln bekommen.

Kardinalzahlen

Kardinalzahlen (基数词 jīshùcí) werden aus den normalen Grundzahlen gebildet. Die Zahlen werden dabei immer von links nach rechts gelesen. 21 z.B. wird 二十一 èrshíyī ("Zwanzig Eins") ausgesprochen und nicht wie im Deutschen "Einundzwanzig".

Für Europäer, die Chinesisch lernen, ist es meistens gewöhnungsbedürftig, dass nach 9999 nicht 10-Tausend (十千 shíqiān) kommt, sondern 1-Zehntausend (一万 yīwàn). Aber mit ein bisschen Übung versteht man auch große Zahlen wie 80 Millionen (八千万 bāqiānwàn, "8 Tausend Zehntausend").

Nullen in mehrstelligen Zahlen werden als 零 líng gelesen, wenn weitere von 0 verschiedene Ziffern folgen.
零 líng wird jeweils nur einmal verwendet, auch wenn mehrere Nullen aufeinanderfolgen (z.B. 100001 = 十万零一 shíwànlíngyī). Wenn der nächsten von Null verschiedenen Ziffer eine Zählkategorie folgt (十 shí, 百 bǎi etc.), kann 零 líng entfallen (z.B. 1030 = 一千三十 yīqiānsānshí).

二 èr (2) als einzelne Zahl wird vor Zähleinheitswörtern meistens zu 两 liǎng (jedoch nicht am Ende größerer Zahlen wie 十二 shí'èr 12). Auch vor den Zählkategorien 百 bǎi (100), 千 qiān (1000), 万 wàn (10000) und 亿 yì (100000000) wird üblicherweise 两 liǎng verwendet, hier ist aber auch 二 èr möglich[8].

0	零 líng	6	六 liù
1	一 yī	7	七 qī
2	二 èr	8	八 bā
3	三 sān	9	九 jiǔ
4	四 sì	10	十 shí
5	五 wǔ	11	十一 shíyī

[8] *die Verwendung von 二 èr vor 100 kann zu Missverständnissen führen, da 二百五 èrbǎiwǔ "Trottel" bedeutet.*

12 十二 shí'èr
13 十三 shísān

20 二十 èrshí
21 二十一 èrshíyī

30 三十 sānshí

100 一百 yībǎi
101 一百零一 yībǎilíngyī
102 一百零二 yībǎilíng'èr

110 一百一十 yībǎiyīshí
111 一百一十一 yībǎiyīshíyī

120 一百二十 yībǎi'èrshí

200 两百 liǎngbǎi
201 两百零一 liǎngbǎilíngyī
202 两百零二 liǎngbǎilíng'èr

210 两百一十 liǎngbǎiyīshí
211 两百一十一 liǎngbǎiyīshíyī

220 两百二十 liǎngbǎi'èrshí

300 三百 sānbǎi

1000 一千 yīqiān
1001 一千零一 yīqiānlíngyī

1010 一千一十 yīqiānyīshí /
一千零十 yīqiānlíngshí
1011 一千一十一 yīqiānyīshíyī

1020 一千二十 yīqiānèrshí

1100 一千一百 yīqiānyībǎi
1101 一千一百零一
yīqiānyībǎilíngyī

1110 一千一百一十
yīqiānyībǎiyīshí

1200 一千两百 yīqiānliǎngbǎi

2000 两千 liǎngqiān

10000 一万 yīwàn
10001 一万零一 yīwànlíngyī

10010 一万一十 yīwànyīshí /
一万零十 yīwànlíngshí

10100 一万一百 yīwànyībǎi
10101 一万一百零一
yīwànyībǎilíngyī

11000 一万一千
yīwànyīqiān
11001 一万一千零一
yīwànyīqiānlíngyī

11010 一万一千一十
yīwànyīqiānyīshí

11100 一万一千一百
yīwànyīqiānyībǎi
11101 一万一千一百零一
yīwànyīqiānyībǎilíngyī

11110 一万一千一百一十
yīwànyīqiānyībǎiyīshí

20000 两万 liǎngwàn

100000 十万 shíwàn
110000 十一万 shíyīwàn
200000 二十万 èrshíwàn
1000000 一百万 yībǎiwàn
1010000 一百零一万 yībǎilíngyīwàn
1020000 一百零二万
yībǎilíng'èrwàn
10000000 一千万 yīqiānwàn
100000000 一亿 yīyì /
一万万 yīwànwàn

Ordinalzahlen

Ordinalzahlen (序数词 xùshùcí) (erste, zweiter, drittes usw.) werden durch die Voranstellung von 第 dì vor die Zahl gebildet:

第一次 dì-yī cì das 1. Mal
第二点 dì-èr diǎn 2. Punkt (z.B. der Tagesordnung)
第三册 dì-sān cè der 3. Band
第四课 dì-sì kè die 4. Lektion

Bei Substantiven, die nicht selbst als Zähleinheitswort gebraucht werden können, muss zwischen Ordinalzahl und Substantiv ein Zähleinheitswort stehen:

第一本书 dì-yī běn shū das erste Buch
第二条街 dì-èr tiáo jiē die zweite Straße
第三根香烟 dì-sān gēn xiāngyān die dritte Zigarette
第四包大米 dì-sì bāo dàmǐ der vierte Sack Reis

Nummern

Nummern (also z.B. Telefon-, Zimmer-, Auto- und Seriennummern) werden, wie auch im Deutschen üblich, als Aneinanderreihung der Ziffern gesprochen.[9]

Insbesondere in Telefonnummern wird dabei die 1 nicht "yī", sondern "yāo"[10] ausgesprochen, um Verwechslungen mit der 7 zu vermeiden.

Die Ziffer 0 wird heutzutage oft durch das moderne Zeichen 〇 líng anstelle von 零 líng dargestellt.

Bsp: 58127001 五八一二七〇〇一 wǔ bā yī èr qī líng líng yī
wird gesprochen "wǔ bā yāo èr qī líng líng yāo"

---

[9] *Eine Gruppierung (dt z.B. "Null Elf Achtundachtzig") ist im Chinesischen nicht üblich.*

[10] *Das chinesische Zeichen dafür ist 幺 yāo. Die Verwendung erfolgt hier aber normalerweise nur mündlich, geschrieben wird die 1 auch in Nummern immer 一 yī.*

Datum

Datumsangaben erfolgen im Chinesischen in der Reihenfolge Jahr-Monat-Tag. Dabei werden heutzutage die Zahlen üblicherweise in Ziffern geschrieben, gefolgt von den chinesischen Zeichen 年 nián (Jahr), 月 yuè (Monat) und 日 rì (Tag). Hauptsächlich im mündlichen Gebrauch wird der Tag auch mit 号 hào (Nummer) bezeichnet.

Bsp: 2008 年 12 月 11 日

11.12.2008		二〇〇八年十二月十一日 èrlínglíngbā nián shí'èr yuè shíyī rì
	oder	二零零八年十二月十一号 èrlínglíngbā nián shí'èr yuè shíyī hào

Das **Jahr** wird dabei als Nummer gelesen (siehe auch Kapitel "Nummern", S. 25). Anders als in Nummern, wird 一 yī in Jahreszahlen nur dann "yāo" ausgesprochen, wenn mehrere Einsen aufeinander folgen[11].

Volle Jahrtausende werden umgangssprachlich auch als Zahl gesprochen (siehe Kapitel "Kardinalzahlen", S. 23).

1999 年	一九九九年	yījiǔjiǔjiǔ nián
2000 年	两千年	èrlínglínglíng nián / liǎngqiān nián
2001 年	二〇〇一年	èrlínglíngyī nián
2011 年	二〇一一年	èrlíngyāoyāo nián

Datumsangaben im erweiterten Sinne

十九世纪 shíjiǔ shìjì	19. Jahrhundert
公元二〇〇〇年 gōngyuán èrlínglínglíng nián	anno Domini[12] 2000
公元前三百年 gōngyuánqián sānbǎi nián	300 Jahre vor Christus

---

[11] *angeblich weil "yāoyāo" flüssiger aussprechbar ist als "yīyī"*
[12] *im Jahre des Herrn 2000; im Jahre 2000 nach Christus*

Uhrzeit

Offizielle Angaben der Uhrzeit erfolgen in der Form "... Uhr ... Minuten" (chinesisch "... 点 diǎn ... 分 fēn"):

23:10 Uhr 二十三点十分 èrshísān diǎn shí fēn

Übersteigt die Minutenangabe die Zahl 10, kann 分 fēn entfallen:

12:11 Uhr 十二点十一 shí'èr diǎn shíyī

Bei vollen Stunden wird die Minutenangabe weggelassen:

00:00 Uhr 零点 líng diǎn
02:00 Uhr 两点 liǎng diǎn
10:00 Uhr 十点 shí diǎn

und, falls notwendig, mit 钟 zhōng zu "um/Punkt ... Uhr" präzisiert:

um 11:00 Uhr 十一点钟 shíyī diǎn zhōng

Umgangssprachliche Angaben der Uhrzeit

Wie im Deutschen werden die Stunden in der Umgangssprache üblicherweise nur bis 12 gezählt. Im Zweifelsfalle wird die Tageszeit mit angegeben:

14:00 Uhr = 2 Uhr nachmittags 下午两点 xiàwǔ liǎng diǎn

Ähnlich wie im Deutschen gibt es Ausdrücke für die Viertelstunde (刻 kè) und die halbe Stunde (半 bàn):

10:15 Uhr[13] = Viertel nach 10 十点一刻 shí diǎn yī kè
10:30 Uhr[14] = "halb nach" 10 十点半 shí diǎn bàn

Auch für das "vor" in der Uhrzeit gibt es mit 差 chà ("fehlen") eine chinesische Entsprechung. Diese kann vor oder nach der Stunde stehen:

---

[13] *Im mitteldeutschen Raum oft mit der folgenden Stunde verbunden: 10:15 Uhr = viertel elf*
[14] *Im Deutschen üblicherweise mit der folgenden Stunde verbunden: 10:30 Uhr = halb elf*

11:45 Uhr[15] = Viertel vor 12	十二点差一刻 shí'èr diǎn chà yī kè 差一刻十二点 chà yī kè shí'èr diǎn
11:55 Uhr = 5 vor 12	十二点差五分 shí'èr diǎn chà wǔ fēn 差五分十二点 chà wǔ fēn shí'èr diǎn

Ungewohnt, da im Deutschen nicht üblich, ist die Angabe der Minuten als 12-tel Stunden (5 Minuten). Diese werden mit Zahlen bis 10 hinter der Stunde ohne 分 fēn angeben:

九点三	jiǔ diǎn sān	09:15 Uhr
九点三分	jiǔ diǎn sān fēn	09:03 Uhr

Zeitdauer

Die Maßeinheiten der Zeit sind eigentlich Zähleinheiten. Einige erfordern aber bei der Angabe der Zeitdauer das allgemeine ZEW 个 ge.

ein Moment	一会儿 yī huìr
eine Sekunde	一秒 yī miǎo
eine Minute	一分钟 yī fēn zhōng
eine Stunde	一个小时 yī ge xiǎoshí
dreieinhalb Stunden	三个半钟头 sān ge bàn zhōngtóu
ein Tag	一日 yī rì, 一天 yī tiān
eine Woche	一周 yī zhōu, 一个星期 yī ge xīngqī
ein Monat	一个月 yī ge yuè[16]
ein Jahr	一年 yī nián

[15] *Im mitteldeutschen Raum auch "drei viertel" genannt: 11:45 Uhr = drei viertel zwölf*

[16] 一月 yīyuè *bedeutet "Januar"*

Tierkreiszeichen

Für Europäer haben die (den Monaten zugeordneten) Sternzeichen kaum eine über die Astrologie hinausgehende Bedeutung.

Für Chinesen gibt es jedoch durchaus eine praktische Anwendung der (Jahren zugeordneten) chinesischen Tierkreiszeichen. Diese bieten nämlich eine einfache Möglichkeit, das Alter des Gegenübers herauszufinden - und damit, wer wem Ehre zu erweisen hat.

Da die chinesischen Tierkreiszeichen einem zwölfjährigen Zyklus zugeordnet sind, kann man anhand der Antwort auf die als unverfänglich geltende Frage

你属什么 nǐ shǔ shénme Zu welchem Sternzeichen gehörst Du?

das Geburtsjahr abschätzen. Es ist allerdings zu beachten, dass das chinesische Neujahrsfest vom Mondkalender bestimmt wird, und meistens irgendwann im Februar liegt (erster Neumond nach dem 29. Januar).

Der Legende nach rief Buddha vor seinem Abgang ins Nirwana alle Tiere zu sich. Denen, die kamen, widmete er in der Reihenfolge des Eintreffens als Dank jeweils ein Jahr, in dem ihr Einfluss gelten sollte.

Eigentlich war der Büffel der Erste, aber die Maus hatte sich in dessen Fell festgehakt und sprang bei der Ankunft als Erste hervor.

Wann sich diese Geschichte abgespielt hat, habe ich nicht herausgefunden, da aber 1900 ein Jahr der Maus war, lassen sich von da an die 12-Jahres-Zyklen leicht berechnen.

Um den Unterhaltungswert dieses Buches ein wenig zu erhöhen, gibt die Tabelle auf der folgenden Seite neben den Jahreszahlen auch eine Kurzfassung der astrologischen Deutung an.

Der 12-jährige Zyklus der chinesischen Tierkreiszeichen:

Jahre	Tierkreiszeichen		Astrologische Eigenschaften
1900, 1912, 1924, 1936, 1948, 1960, 1972, 1984, 1996, 2008, 2020, 2032	鼠 shǔ	Maus[17]	Aufgrund des Tricks mit dem Büffel gilt die Maus als zielstrebig, ehrgeizig, intelligent und gesellig.
1901, 1913, 1925, 1937, 1949, 1961, 1973, 1985, 1997, 2009, 2021, 2033	牛 niú	Büffel[18]	Der Büffel nahm der Maus den Trick nicht übel und gilt als gutmütig, geduldig und still.
1902, 1914, 1926, 1938, 1950, 1962, 1974, 1986, 1998, 2010, 2022, 2034	虎 hǔ	Tiger	Der Tiger gilt als erfolgreich, schwungvoll und rebellisch. Seinen Freunden bringt er Glück.
1903, 1915, 1927, 1939, 1951, 1963, 1975, 1987, 1999, 2011, 2023, 2035	兔 tù	Hase	Der Hase stammt direkt vom Mond ab und ist das glücklichste Wesen der Welt. Er gilt als friedliebend und genusssüchtig.
1904, 1916, 1928, 1940, 1952, 1964, 1976, 1988, 2000, 2012, 2024, 2036	龙 lóng	Drache	Der Drache ist das am meisten verehrte Tier. Er gilt als erfolgreich und aufopferungsvoll.
1905, 1917, 1929, 1941, 1953, 1965, 1977, 1989, 2001, 2013, 2025, 2037	蛇 shé	Schlange	Die Schlange wird auch als "kleiner Drache" bezeichnet. Sie gilt als zielstrebig und humorvoll.
1906, 1918, 1930, 1942, 1954, 1966, 1978, 1990, 2002, 2014, 2026, 2038	马 mǎ	Pferd	Das Pferd gilt als sprunghaft und impulsiv.
1907, 1919, 1931, 1943, 1955, 1967, 1979, 1991, 2003, 2015, 2027, 2039	羊 yáng	Schaf	Das Schaf gilt einerseits als offenherzig und hilfsbereit, andererseits als affektiert, unselbständig und unzufrieden.
1908, 1920, 1932, 1944, 1956, 1968, 1980, 1992, 2004, 2016, 2028, 2040	猴儿 hóur	Affe	Der Affe gilt als neugierig und zielstrebig, aber auch als hinterfotzig.
1909, 1921, 1933, 1945, 1957, 1969, 1981, 1993, 2005, 2017, 2029, 2041	鸡 jī	Hahn	Der Hahn gilt als zuverlässig, pünktlich und eitel.
1910, 1922, 1934, 1946, 1958, 1970, 1982, 1994, 2006, 2018, 2030, 2042	狗 gǒu	Hund	Der Hund gilt als ehrlich, treu, rechtschaffen und verantwortungsbewusst.
1911, 1923, 1935, 1947, 1959, 1971, 1983, 1995, 2007, 2019, 2031, 2043	猪 zhū	Schwein	Das Schwein gilt als gutgläubig, verletzlich und manchmal auch als ungehobelt.

[17] 鼠 shǔ *kann Maus oder Ratte bedeuten, aber "Jahr der Maus" klingt besser als "Jahr der Ratte"*

[18] *Auf der Speisekarte bedeutet* 牛 niú *Rind, in Wortzusammensetzungen oft Ochse (z.B. Ochsenkarren), zum Tierkreis gehört aber wahrscheinlich der Wasserbüffel* 水牛 shǔiniú.

Währung

Der offizielle Name der chinesischen Währung[19] lautet abgekürzt RMB (von 人民币 rénmínbì). Sie unterteilt sich in drei Einheiten, vergleichbar Pfennig, Groschen und Mark:

Einheit[20]	0,001	0,01 (Pfennig/Cent)	0,10 (Groschen)	1,00 (Mark/Euro)
schriftlich[21]		分 fēn	角 jiǎo	元 yuán
mündlich		分 fēn	毛 máo	块 kuài
regional			毫 háo	
historisch	厘 lí			

Im mündlichen Gebrauch wird der Betrag oft mit dem Wort 钱 qián ("Geld") ergänzt.

0,05 元 = 五分 wǔ fēn oder 五分钱 wǔ fēn qián
0,50 元 = 五毛 wǔ máo oder 五毛钱 wǔ máo qián
5,00 元 = 五块 wǔ kuài oder 五块钱 wǔ kuài qián

Übersteigt der "Pfennig"-Anteil 9 分 fēn, werden im Chinesischen immer die "Groschen" und "Pfennige" angegeben.

0,55 元 = 五毛五分 wǔ máo wǔ fēn

2 分 fēn als einzelner Betrag können mit 两 liǎng gesprochen werden, in einer größeren Summe wird aber immer 二 èr verwendet.

0,02 元 = 两分 liǎng fēn
oder 二分 èr fēn
0,12 元 = 一毛二分 yī máo èr fēn

---

[19] *Weitere Währungen werden im Kapitel "Währungseinheiten" (S. 153) aufgeführt.*

[20] *Die verwendeten chinesischen Zeichen haben teilweise noch weitere Bedeutungen als ZEW, diese sind in der Liste der Zähleinheitswörter (S. 39) zu finden.*

[21] *z.B. auf Münzen*

2 毛 máo als einzelner Betrag oder am Beginn einer Summe werden mit 两 liǎng gesprochen, in einer größeren Summe wird hingegen 二 èr verwendet.

0,20 元	=	两毛 liǎng máo
0,22 元	=	两毛二分 liǎng máo èr fēn
2,22 元	=	两块二毛二分 liǎng kuài èr máo èr fēn

Einheiten, die Null sind, werden normalerweise nicht erwähnt. Für 0 毛 máo wird jedoch oft 零 líng ("Null") eingesetzt.
Die Bezeichnung der letzten von Null verschiedenen Einheit kann entfallen, wenn die vorherige Einheit größer als Null ist.

0,01 元	=	一分 yī fēn
0,20 元	=	两毛 liǎng máo
0,34 元	=	三毛四 sān máo sì
	oder	三毛四分 sān máo sì fēn
5,00 元	=	五块 wǔ kuài
6,07 元	=	六块七分 liù kuài qī fēn
	oder	六块零七分 liù kuài líng qī fēn
8,90 元	=	八块九毛 bā kuài jiǔ máo
12,34 元	=	十二块三毛四 shí'èr kuài sān máo sì
	oder	十二块三毛四分 shí'èr kuài sān máo sì fēn

Die Einheit 厘 lí (1/10 Pfennig) wird heutzutage, wenn überhaupt, nur noch in Wechselkursen verwendet.

1,234 元	=	一块二毛三分四厘 yī kuài èr máo sān fēn sì lí

Mathematik und Physik

Vorzeichen

-3 负三 fù sān

+5 正五 zhèng wǔ

24° über 0 (plus) 零上二十四度 líng shàng èrshísì dù

2° unter 0 (minus) 零下两度 líng xià liǎng dù

Bruchzahlen

¾ 四分之三 sì fēn zhī sān

1¼ 一又四分之一 yī yòu sì fēn zhī yī

anderthalb (1½) 一个半 yī ge bàn

1,0234 一点零二三四 yī diǎn líng èr sān sì

-1,0234 负一点零二三四 fù yī diǎn líng èr sān sì

Gebrochene Einheiten

Gebrochene Einheiten werden mit 每 měi ("je/per/pro") gebildet.

10 km/h 十公里每小时 shí gōnglǐ měi xiǎoshí

Grundrechenarten

$3 + 4 = 7$ 三加四等于七 sān jiā sì děngyú qī

$3 - 10 = -7$ 三减十等于负七 sān jiǎn shí děngyú fù qī

$8 - 3 = 5$ (... "bleiben" 5) 八减三余五 bā jiǎn sān yú wǔ

$3 \cdot 4 = 12$ 三乘四等于十二 sān chéng sì děngyú shí'èr

$5 \cdot 2 = 10$ 二的五倍是十 èr de wǔ bèi shì shí

$6 : 2 = 3$ 六除以二得三 liù chúyǐ èr dé sān

$3^2 = 9$ (3 zum Quadrat) 三的平方等于九 sān de píngfāng děngyú jiǔ

$\sqrt{9} = 3$ (Quadratwurzel aus 9) 九的平方根等于三 jiǔ de píngfānggēn děngyú sān

$2^3 = 8$ (2 hoch 3) 二的三次幂等于八 èr de sān cì mì děngyú bā

$\sqrt[3]{8} = 2$ (3. Wurzel aus 8) 八的三次根等于二 bā de sān cì gēn děngyú èr

(gegeben ist) $x = 3$ 社 x 等于三 shè aiks děngyú sān

$(-1) - (-2) = +1$ 负一减负二等于正一
fù yī jiǎn fù èr děngyú zhèng[22] yī

[22] 正 zhèng *kann hier auch weggelassen werden (wie das deutsche "plus")*

Zähleinheitswörter

Was sind eigentlich Zähleinheitswörter?

Kurz gesagt geben Zähleinheitswörter bei Mengenangaben die Einheit an. Es gibt sie auch im Deutschen. Zum Beispiel "Stück" in "ein Stück Torte", "Bogen" in "ein Bogen Geschenkpapier" oder "Quäntchen"[23] in "ein Quäntchen Glück".

Anders als im Deutschen muss im Chinesischen auf ein Zahlwort aber nahezu immer ein Zähleinheitswort folgen. Insbesondere zwischen Zahlenangabe und zugehörigem Substantiv ist das Zähleinheitswort im Chinesischen unerlässlich (es sei denn, das Substantiv ist selbst ein Zähleinheitswort). Man kann im Chinesischen also nicht einfach sagen "ein Auto", sondern es muss sinngemäß "ein Stück Auto" gesagt werden.

Im Umkehrschluss könnte man vermuten, dass alle chinesischen Wörter, die auf ein Zahlwort folgen können, Zähleinheitswörter sind. Diese Vermutung ist falsch[24], sie war aber der Grundgedanke bei der Sammlung der diesem Buch zu Grunde liegenden Wörterliste. Um die Vollständigkeit der Sammlung zu bewahren, enthält die "Liste der Zähleinheitswörter" auch einige ZEW-ähnliche Wörter, die bei strenger Klassifikation nicht in diese Liste gehören.

Zähleinheitswörter können im Deutschen in drei Klassen unterteilt werden: Zählwörter, Zähleinheiten und Maßeinheiten.

---

[23] *vor der Rechtschreibreform schrieb sich das "Quentchen", und es wird auch immer noch so ausgesprochen (also mit "e" wie in "Felle" und nicht mit "ä" wie in "Fälle")*

[24] *Die Grundrechenarten sind z.B. eindeutig keine Zähleinheitswörter, obwohl sie hinter einer Zahl stehen. Auch die Verbwiederholung mit* 一 yī *zum Ausdruck von "ein bisschen, einmal" macht aus dem Verb noch kein Zähleinheitswort (*让汤凉一凉！ ràng tāng liàng yī liàng *Lass die Suppe ein bisschen abkühlen!). Des weiteren versagt die Regel z.B. bei mehrsilbigen Wörtern, die mit* 一 yī *beginnen. Dabei ist* 一 yī *meist normaler Wortbestandteil und kein Zahlwort. Es gibt allerdings ein paar Wörter bei denen* 一 yī *mit einem Zähleinheitswort verschmolzen ist, das in einigen Quellen und in diesem Buch als solches angegeben wird (z.B.* 些 xiē *in* 一些 yīxiē*).*

Zählwörter

sind in guten Wörterbüchern immer als 量 liàng oder 量词 liàngcí beziehungsweise als ZEW oder ZW gekennzeichnet.

Lehrbücher unterscheiden verbale und substantivische Zählwörter.

Verbale Zählwörter geben in der Regel die Anzahl oder Häufigkeit einer Handlung an, z.B.

敲三次门 qiāo sān cì mén 3 Mal an der Tür klopfen

Substantivische Zählwörter nenne ich auch "echte chinesische Zähleinheitswörter", da es für sie meistens keine deutsche Entsprechung gibt. Sie dienen in der Regel nicht nur der grammatikalischen Struktur, sondern geben auch einen Hinweis auf die Bedeutung des Substantivs.

Der Bedeutungsbezug verweist meistens auf die Art oder Form eines Gegenstandes oder einer Sache. So bedeutet z.B. das ZW 辆 liàng, dass das Substantiv ein Fahrzeug ist, und das ZW 根 gēn, dass es sich um einen langen dünnen Gegenstand handelt.

Substantivische Zählwörter werden in der Regel nicht übersetzt.

一辆自行车 yī liàng zìxíngchē 1 Fahrrad
一本地图 yī běn dìtú 1 Atlas
一张地图 yī zhāng dìtú 1 Landkarte

Zähleinheiten

sind auch im Deutschen gebräuchlich. Sie geben Größen-[25], Mengen-[26], Verpackungs-[27] und ähnliche Einheiten an.

Die Kennzeichnung dieser Wörter als ZEW ist von Quelle zu Quelle verschieden. Selbst innerhalb eines Wörterbuchs sind oft

[25] *z.B. Blatt / Bogen Papier*
[26] *z.B. Blatt / Stapel Papier*
[27] *z.B. Rolle / Karton Papier*

manche Zähleinheiten so markiert und andere nicht. Das liegt vielleicht daran, dass viele dieser Wörter nicht nur als Zähleinheit, sondern auch in anderer Bedeutung verwendet werden.
Deswegen habe ich besonders hier die Regel "alles was nach Zahlwörtern kommen kann, könnte auch ein Zähleinheitswort sein" angewendet, und diese Wörter in meine Sammlung aufgenommen.

Der Vollständigkeit halber auch hier drei Beispiele:

三滴水 sān dī shuǐ 3 Tropfen Wasser
三杯水 sān bēi shuǐ 3 Glas Wasser
三桶水 sān tǒng shuǐ 3 Fässer Wasser

Maßeinheiten

sind laut Lexikon "durch Vereinbarung festgelegte physikalische Größen, die als Vergleichsgröße für die Messung gleichartiger Größen dienen".

In einigen Quellen werden historische Maßeinheiten als ZEW gekennzeichnet, weshalb ich diese zunächst mit in meine Liste der ZEW aufgenommen hatte. Als die Liste immer länger wurde, habe ich ihnen dann aber doch ein eigenes Kapitel gewidmet.

Im Kapitel "Maßeinheiten" (S. 139) finden sich außerdem Tabellen deutscher, angelsächsischer und internationaler Maßeinheiten mit ihren chinesischen Äquivalenten.

Maßeinheiten werden im Chinesischen ähnlich verwendet wie im Deutschen, z.B.

三毫米 sān háomǐ 3 Millimeter

Wie im Deutschen werden Maßeinheiten bisweilen auch als Zähleinheit verwendet:

一升啤酒 yī shēng píjiǔ 1 Liter Bier

Wann werden Zähleinheitswörter verwendet?

Vereinfachend wird oft gesagt, dass Zähleinheitswörter zwischen Zahlwort und Substantiv stehen. Zahlwort ist hier jedoch eine ungenaue Angabe, da es insbesondere für substantivische Zählwörter im Chinesischen mehrere Wortarten gibt, die ein Zähleinheitswort erfordern.

Neben dem Standardfall der **bestimmten Zahlwörter** (Numerale) muss auch in folgenden Fällen vor Substantiven, soweit sie nicht selbst ein Zähleinheitswort sind, ein solches verwendet werden:

nach **unbestimmten Zahlwörtern** (beachte Anmerkung[28]), z.B.

几 jǐ einige, ein paar
数 shù einige, eine Anzahl

nach manchen **Zahladjektiven**, z.B.

半 bàn halb
整 zhěng ganz

nach **Demonstrativpronomen** wie

这 zhè diese
那 nà jene

sowie nach den **Fragewörtern**

几 jǐ wie viele
哪 nǎ welch-

---

[28] *Etliche unbestimmte Zahlwörter sind aus der Verschmelzung mit dem ZEW* 些 xiē *(einige) hervorgegangen (z.B.* 好些 hǎoxiē *mehrere, verschiedene). Hinter diesen Wörtern wird kein zusätzliches ZEW verwendet.*

Wie werden Zähleinheitswörter verwendet?

Substantivische Zählwörter und Zähleinheiten werden in der Regel in der Form

Zahlwort ZEW Substantiv

gebraucht (wie z.B.: ein Stück Seife). Es gibt aber Ausnahmen davon.

Im **Deutschen** verschmelzen des Öfteren Zähleinheit und Substantiv zu einem zusammengesetzten Substantiv:

一群羊 yī qún yáng (wörtlich: "eine Herde Schafe") wird im Deutschen üblicherweise zu "eine Schafsherde".

In den in diesem Buch angegebenen Beispielen wird bei der deutschen Übersetzung die gebräuchlichste Form verwendet.

Im **Chinesischen** verschmelzen des Öfteren Zahlwort und Zähleinheit zu einem neuen Wort.

Dabei entstehen Adjektive wie 两色 liǎngsè (zweifarbig), und Substantive wie 二月 èryuè (Februar).

Bei derartigen Adjektiven liegt der Unterschied zu echten ZEW vermutlich in der Notwendigkeit der Verwendung von 的 de vor dem folgenden Substantiv. Bei Substantiven fehlt in der Verschmelzung meistens nur das 第 dì der Ordinalzahlen. Solcherart verschmolzene Zähleinheitswörter sind in diesem Buch mit dem Hinweis "(mit dem Zahlwort verschmolzen)" gekennzeichnet.

Einige Zähleinheitswörter werden mit dem Suffix 子 zi gebildet (z.B. 这档子事 zhè dàngzi shì).

Insbesondere im Pekinger Dialekt wird gerne das Retroflexierungs-R (儿 -r (von 儿 ér)) an verschiedene Zähleinheitswörter gehängt (z.B. 一串儿冰糖葫芦 yī chuànr bīng táng húlu Kandierte Kürbisse gefrostet am Spieß, eine Pekinger Spezialität).

Liste der Zähleinheitswörter

Zeichen	Verwendung	Beispiele
埯 ǎn	*setzen, dibbeln; Saatloch*	
	ZW für Saatgut für Saatlöcher[29]	1 (Saat-)Bohne ⇨ 颗 kē 一埯豆 yī ǎn dòu 1 Erdnuss 一埯花生 yī ǎn huāshēng 1 Melonenkern 一埯瓜 yī ǎn guā
把 bǎ	*etw (fest-)halten, packen, greifen*	
	ZW für Gegenstände mit Griff oder Henkel ⇨ 柄 bǐng	1 Geige 一把小提琴 yī bǎ xiǎotíqín 1 Kleiderbügel 一把衣架 yī bǎ yījià 1 Lineal 一把尺子 yī bǎ chǐzi 1 Messer 一把刀 yī bǎ dāo 1 Regenschirm 一把雨伞 yī bǎ yǔsǎn 1 Schere 一把剪刀 yī bǎ jiǎndāo 1 Schlüssel ⇨ 串 chuàn 一把钥匙 yī bǎ yàoshi 1 Spaten ⇨ 柄 bǐng 一把铁锹 yī bǎ tiěqiāo 1 Teekanne 一把茶壶 yī bǎ cháhú
	-mal (mit der Hand Getanes) ⇨ 倍 bèi, 遍 biàn, 次 cì, 度 dù, 番 fān, 回 huí, 和 huò, 记 jì, 面 miàn,	ihm einen Schubs geben 推他一把 tuī tā yī bǎ

[29] *nur Saatgut zum Dibbeln, nicht für Drillsaat*

	期 qī, 任 rèn, 趟 tàng, 通 tòng, 下 xià, 遭 zāo	
	eine Handvoll ⇨ 撮 cuō, 捧 pěng	1 Handvoll Erde ⇨ 筐 kuāng 一把土 yī bǎ tǔ 1 Handvoll Reis ⇨ 包 bāo, 袋 dài, 颗 kē, 粒 lì, 捧 pěng, 桶 tǒng, 碗 wǎn 一把米 yī bǎ mǐ
	Büschel, Bündel, Strauß ("Handvoll") ⇨ 包 bāo, 簇 cù, 墩 dūn, 捆 kǔn, 蓬 péng, 束 shù, 扎 zā, 撮 zuǒ	1 Blumenstrauß ⇨ 簇 cù, 束 shù 一把花 yī bǎ huā 1 Büschel Gras 一把草 yī bǎ cǎo
	einige abstrakte Begriffe ⇨ 个 gè	bejahrt sein 有一把年纪 yǒu yī bǎ niánjì Bei der Arbeit ist er ein Könner. 他工作上是一把好手 tā gōngzuò shàng shì yī bǎ hǎoshǒu
班 bān	*Team, Gruppe, (Schul-)Klasse, (Arbeits-)Schicht*	
	Gruppe von Personen ⇨ 帮 bāng, 拨 bō, 茬 chá, 撮 cuō, 队 duì, 股 gǔ, 伙 huǒ, 批 pī, 起 qǐ, 群 qún, 组 zǔ	diese jungen Leute 这班青年人 zhè bān qīngniánrén
	(Arbeits-)Schicht	in drei Schichten arbeiten 三班倒 sān bān dǎo
	ZW für fahrplanmäßige Fahrzeuge ⇨ 辆 liàng	der nächste Bus ⇨ 路 lù, 趟 tàng 下一班车 xià yī bān chē
板 bǎn	*Brett, Platte, Planke, Scheibe, Tafel; Takt, Tempo; hart, fest, steif, starr*	
	Palette, Tafel mit regelmäßig angeordneten Gegenständen ⇨ 块 kuài, 条 tiáo	1 Tafel[30] Druckknöpfe 一板按扣 yī bǎn ànkòu 1 Palette (Hühner-)Eier 一板鸡蛋 yī bǎn jīdàn

[30] *meistens ein Stück Karton mit vorgestanzten Löchern, in die die Druckknöpfe geknipst sind*

版 bǎn	*Druckplatte, Druckstock, Klischee; Auflage, Edition; (Zeitungs-)Seite*	
	(Software-)Version ⇨ 期 qī	Version 1.0 1.0 版 yì diǎn líng bǎn
半 bàn	*Hälfte; halb*	
	Hälfte	etw in 2 Hälften zerbrechen 掰成两半 bāi chéng liǎng bàn
瓣 bàn	*(Blüten-)Blatt, (Knoblauch-)Zehe; Scherbe, Bruchstück; Lamelle, Klappe*	
	(Obst-)Stück, Scheibe ⇨ 片 piàn	1 Mandarinenstück 一瓣橘子 yī bàn júzi 1 Knoblauchzehe ⇨ 辫 biàn, 股 gǔ, 头 tóu 一瓣蒜 yī bàn suàn einen Apfel in 4 Stücke schneiden 把苹果切成四瓣儿 bǎ píngguǒ qiēchéng sì bànr
帮 幫 bāng	*j-m helfen; Clique, Bande*	
	Gruppe, Schar, Bande ⇨ 班 bān, 拨 bō, 茬 chá, 撮 cuō, 队 duì, 股 gǔ, 伙 huǒ, 批 pī, 起 qǐ, 群 qún, 组 zǔ	1 Kinderschar 一帮孩子 yī bāng háizi 1 Räuberbande 一帮土匪 yī bāng tǔfěi
磅 bàng	*etw wiegen; Waage*	
	Schriftgröße: Punkt ⇨ 点 diǎn	Schriftgröße 6 Punkt ist zu klein 六磅字太小了 liù bàng zì tài xiǎo le
	brit Pfund hist Gewichtseinheit: 453,6 g	⇨ "Angelsächsische Maßeinheiten", S. 145
包 bāo	*einwickeln, einschlagen, einpacken, verpacken; versichern, garantieren*	
	Päckchen ⇨ 盒 hé	1 Päckchen Kekse 一包饼干 yī bāo bǐnggān 1 Päckchen Zigaretten ⇨ 根 gēn, 盒 hé, 条 tiáo, 支 zhī 一包香烟 yī bāo xiāngyān 1 Päckchen Medizin 一包药 yī bāo yào

	Sack	1 Sack Reis ⇨ 把 bǎ, 袋 dài, 颗 kē, 粒 lì, 捧 pěng, 桶 tǒng, 碗 wǎn 一包大米 yī bāo dàmǐ
	Ballen ⇨ 捆 kǔn, 匹 pǐ	1 Ballen Baumwolle 一包棉花 yī bāo miánhuā
	Bündel, Packen, Paket ⇨ 把 bǎ, 簇 cù, 捆 kǔn, 束 shù, 扎 zā, 撮 zuǒ	1 Kleiderbündel 一包衣服 yī bāo yīfu 1 Packen Bücher ⇨ 摞 luò, 批 pī 一包书 yī bāo shū
抱 bào	*in die Arme nehmen, in den Armen halten; sich an etw klammern*	
	Armvoll	1 Armvoll (Reis-)Stroh 一抱稻草 yī bào dàocǎo 1 Armvoll Schnittblumen 一抱鲜花 yī bào xiānhuā
	Klafter (hist Längenmaß: Spannweite der seitwärts gestreckten Arme) ⇨ 搂 lǒu, 围 wéi	Diesen Baum können 2 Mann gerade so umfassen. / Dieser Baum hat einen Umfang von 2 Klaftern. 这棵树有两抱粗 zhè kē shù yǒu liǎng bào cū
杯 bēi	*Tasse, Glas, Becher; Pokal*	
	Tasse, Glas, Becher ⇨ 盅 zhōng	1 Tasse Tee 一杯茶 yī bēi chá 1 Glas Wasser 一杯水 yī bēi shuǐ Nach zwei Schnäpsen wird er redselig. 两杯酒下肚他话就多起来了 liǎng bēi jiǔ xià dù, tā huà jiù duō qǐlái le
倍 bèi	*-fach, -mal; etw verdoppeln*	
	-fach, -mal ⇨ 把 bǎ, 遍 biàn, 次 cì, 度 dù, 番 fān, 回 huí, 和 huò, 面 miàn, 期 qī, 任 rèn, 趟 tàng, 通 tòng, 下 xià, 遭 zāo	dreifach, dreimal so viel 三倍 sān bèi vervierfacht werden ⇨ 番 fān 增加到四倍 zēngjiā dào sì bèi um das Fünffache angestiegen sein 增长了五倍 zēngzhǎng le wǔ bèi

<table>
<tr><td></td><td>doppelt
⇨ 番 fān</td><td>zweimal/doppelt so groß
大一倍 dà yī bèi</td></tr>
<tr><td></td><td>math mal (Multiplikation)</td><td>5 mal 2 ist 10
二的五倍是十 èr de wǔ bèi shì shí
15 ist 3 mal 5
十五是五的三倍
shíwǔ shì wǔ de sān bèi</td></tr>
<tr><td rowspan="3">辈
輩
bèi</td><td colspan="2">Generation; Geschlechterfolge; Leben(sdauer); Menschen(schlag)</td></tr>
<tr><td>Generation (in der Familie), Altersgruppe
⇨ 茬 chá, 代 dài</td><td>2 Generationen
两辈人 liǎng bèi rén
die ältere Generation
老一辈 lǎo yī bèi
Er ist eine Altersgruppe jünger als ich.
他比我小一辈 tā bǐ wǒ xiǎo yī bèi</td></tr>
<tr><td>Leben</td><td>ein Leben lang
一辈子 yī bèizi</td></tr>
<tr><td rowspan="3">本
běn</td><td colspan="2">Wurzel, Ursprung; Stängel, Stiel; Buch; Ausgabe, Band</td></tr>
<tr><td>ZW für in Buch- oder Heftform Gebundenes</td><td>1 Atlas ⇨ 张 zhāng
一本地图 yī běn dìtú
1 Buch
一本书 yī běn shū
1 Wörterbuch
一本字典 yī běn zìdiǎn
1 (Schreib-)Heft ⇨ 叠 dié
一本本子 yī běn běnzi
1 Konto(buch) ⇨ 笔 bǐ
一本账 yī běn zhàng</td></tr>
<tr><td>(Film-)Rolle, (Wiedergabe-)Spule
⇨ 卷 juǎn, 盘 pán, 轴 zhóu</td><td>Dieser Film hat 6 Filmrollen.
这部电影有六本
zhè bù diànyǐng yǒu liù běn</td></tr>
</table>

笔 筆 bǐ	*Schreibgerät; (Schriftzeichen-)Strich; Stil; schriftlich*	
	ZW für Geldsummen ⇨ 宗 zōng	1 Erbschaft 一笔遗产 yī bǐ yíchǎn 1 Geldsumme 一笔钱 yī bǐ qián 1 Geschäft/Transaktion ⇨ 票 piào, 桩 zhuāng 一笔生意 yī bǐ shēngyi 1 Konto ⇨ 本 běn 一笔账 yī bǐ zhàng 1 Kredit 一笔贷款 yī bǐ dàikuǎn diese Schulden 这笔债 zhè bǐ zhài
	(Schriftzeichen-)Strich ⇨ 点 diǎn, 横 héng, 画 huà, 捺 nà, 撇 piě, 竖 shù, 提 tí	Wieviele Striche? 几笔 jǐ bǐ eine schöne Handschrift ⇨ 手 shǒu 写得一笔好字 xiě de yī bǐ hǎo zì
遍 biàn	*überall; einmal (ganz)*	
	Anzahl von Malen, x-mal (von Anfang bis Ende) ⇨ 把 bǎ, 倍 bèi, 次 cì, 度 dù, 番 fān, 回 huí, 和 huò, 面 miàn, 期 qī, 任 rèn, 趟 tàng, 通 tòng, 下 xià, 遭 zāo	Dieses Buch habe ich dreimal gelesen. 这本书我读了三遍 ⇨ 次 cì zhè běn shū wǒ dú le sān biàn Sag es bitte noch einmal. 请再说一遍 qǐng zài shuō yī biàn mehrmals, öfters 好几遍 hǎojǐ biàn
辫 辮 biàn	*Zopf, Geflecht*	
	Zopf	1 Knoblauchzopf ⇨ 瓣 bàn, 股 gǔ, 头 tóu 一辫蒜 yī biàn suàn 1 Zwiebelzopf ⇨ 头 tóu 一辫洋葱 yī biàn yángcōng

<table>
<tr><td rowspan="2">柄
bǐng</td><td colspan="2">Halm, Stängel; Stiel, Griff; Macht; Zielscheibe</td></tr>
<tr><td>ZW für Geräte mit Stiel
⇨ 把 bǎ, 部 bù, 杆 gǎn, 架 jià, 具 jù, 台 tái, 只 zhī</td><td>1 Hacke
一柄锄头 yī bǐng chútou
1 Harke/Rechen
一柄耙子 yī bǐng pázi
1 Schaufel ⇨ 把 bǎ, 锹 qiāo
一柄铁锹 yī bǐng tiěqiāo</td></tr>
<tr><td rowspan="2">拨
撥
bō</td><td colspan="2">drehen, rühren, (Uhr) stellen, (Telefonnummer) wählen; zuteilen, zuweisen</td></tr>
<tr><td>Gruppe (Personen)
⇨ 班 bān, 帮 bāng, 茬 chá, 撮 cuō, 队 duì, 股 gǔ, 伙 huǒ, 批 pī, 起 qǐ, 群 qún, 组 zǔ</td><td>in zwei Gruppen arbeiten
分两拨儿干活 fēn liǎng bōr gānhuó
Die Besucher teilen sich in zwei Gruppen. ⇨ 起 qǐ
参观的人分成两拨儿
cānguān de rén fēnchéng liǎng bōr</td></tr>
<tr><td rowspan="4">步
bù</td><td colspan="2">Schritt, Etappe, Abschnitt; Zustand, Lage</td></tr>
<tr><td>Schritt</td><td>Die Haltestelle ist nur ein paar Schritte von hier entfernt.
车站只有几步之遥
chēzhàn zhǐ yǒu jǐ bù zhī yáo</td></tr>
<tr><td>Schritt, (Schach-)Zug</td><td>Was ist der nächste Schritt? / Wie soll es weitergehen?
下一步怎么办 xià yī bù zěnme bàn</td></tr>
<tr><td>hist ME: 1⅔ Meter</td><td>⇨ "Historische Maßeinheiten", S. 141</td></tr>
<tr><td rowspan="3">部
bù</td><td colspan="2">Teil, Abschnitt; Abteilung, Sektion; Amt, Dienststelle</td></tr>
<tr><td>ZW für (aus vielen Teilen bestehende) Geräte
⇨ 柄 bǐng, 杆 gǎn, 架 jià, 具 jù, 台 tái, 只 zhī</td><td>1 Auto ⇨ 辆 liàng
一部汽车 yī bù qìchē
1 Handy ⇨ 只 zhī
一部手机 yī bù shǒujī
1 Telefon
一部电话 yī bù diànhuà</td></tr>
<tr><td>ZW für (aus vielen Teilen bestehende) Werke
⇨ 册 cè, 份 fèn, 期 qī</td><td>1 Kinofilm
一部电影 yī bù diànyǐng
1 Roman
一部小说 yī bù xiǎoshuō</td></tr>
</table>

餐 cān	*Essen, Speise, Gericht*	
	Mahlzeit ⇨ 顿 dùn, 份 fèn, 客 kè	1 warme Mahlzeit 一餐热饭 yī cān rè fàn 3 Mahlzeiten am Tag 一日三餐 yīrì sān cān
册 cè	*Heft, Buch*	
	Band ⇨ 集 jí, 卷 juàn	der 3. Band 第三册 dì-sān cè ein 4-bändiges Lehrbuch 四册一套的教科书 sì cè yī tào de jiàokēshū
	Stück, Exemplar ⇨ 份 fèn, 期 qī	Von diesem Buch wurden bereits 60.000 Stück verkauft. 这本书已销售六万册 zhè běn shū yǐ xiāoshòu liùwàn cè
层 層 céng	*Schicht, Belag; Stockwerk, Etage; Teil eines größeren Zusammenhangs*	
	Schicht, Lage	1 Eisschicht 一层冰 yī céng bīng 1 Lackschicht 一层油漆 yī céng yóuqī 1 Zudecke ⇨ 床 chuáng 一层被子 yī céng bèizi 3 Pullover anhaben 穿三层套衫 chuān sān céng tàoshān 1 Schicht Kies auslegen 铺一层砾石 pū yī céng lìshí 2 Lagen Verbandmull 两层医用纱布 liǎng céng yīyòng shābù
	Stockwerk, Etage, Schicht ⇨ 楼 lóu	3-schichtige Torte 三层蛋糕 sān céng dàngāo 5-stöckiges Hochhaus 五层大楼 wǔ céng dàlóu Nummer 423 im 4. Stock 四层四二三号 sì céng sì'èrsān hào

	Ebene, Teil eines größeren Zusammenhangs	Dieser Abschnitt hat mehrere Bedeutungsebenen. 这段话有好几层意思 zhè duàn huà yǒu hǎojǐ céng yìsi weitere Scherereien bekommen 添了一层麻烦 tiān le yī céng máfan
茬 chá	*landw Stoppeln*	
	Schnitt, Mahd, Ernte ⇨ 喷 pèn	Auf diesem Gemüsefeld kann man dreimal im Jahr ernten. 这块菜地一年种三茬 zhè kuài càidì yī nián zhòng sān chá
	Generation, Jahrgang, Gruppe von Personen gleichen Alters ⇨ 辈 bèi, 代 dài	eine neue Generation Kader 一茬新干部 yī chá xīn gànbù Diese Armee hat wieder einen Jahrgang Rekruten angemustert. ⇨ 批 pī 这支部队又招募了一茬新兵 zhè zhī bùduì yòu zhāomù le yī chá xīnbīng
场 場 cháng	*Dreschplatz unter freiem Himmel, Tenne; Markt* ⇨ 场 chǎng	
	Weile ⇨ 阵 zhèn	1 Regenguss 一场大雨 yī cháng dàyǔ eine Weile krank gewesen sein 害了一场病 hài le yī cháng bìng eine Weile bitterlich weinen 大哭一场 dà kū yī cháng
场 場 chǎng	*Platz, Feld, Arena; Bühne* ⇨ 场 cháng	
	ZW für Vorführungen ⇨ 出 chū, 台 tái	1 Filmvorführung 一场电影 yī chǎng diànyǐng 1 Konzert 一场音乐会 yī chǎng yīnyuèhuì die 3. Vorführung 第三场 dì-sān chǎng

	ZW für Wettbewerbe und -spiele	1 Ballwettspiel 一场球赛 yī chǎng qiúsài ein Spiel (treiben) 一场游戏 yī chǎng yóuxì
	Szene (einer Aufführung) ⇨ 景 jǐng, 幕 mù	2. Akt, 1. Szene 第二幕第一场 dì-èr mù dì-yī chǎng
成 chéng	*Erfolg, Ergebnis, Frucht, Resultat; fertig, vollendet*	
	Zehntel, 10 Prozent ⇨ 分 fēn, 度 dù, 开 kāi, 扣 kòu, 折 zhé	30% Produktionssteigerung 增产三成 zēngchǎn sān chéng
出 chū	*aus, heraus; völlig, gänzlich; etw verlassen; etw taucht auf / passiert*	
	ZW für Theaterstücke ⇨ 场 chǎng, 台 tái	1 Theaterstück 一出戏 yī chū xì 1 Oper 一出歌剧 yī chū gējù 1 Operette 一出小歌剧 yī chū xiǎogējù
处 處 chù	*Stelle, Platz, Punkt* (beachte 处 chǔ: *mit j-m gut auskommen; etw ist irgendwo*)	
	ZW für Wohnungen	1 Wohngebiet 一处居住区 yī chù jūzhùqū 1 Wohnhaus ⇨ 所 suǒ 一处人家 yī chù rénjiā
	Punkt, Stelle ⇨ 点 diǎn	1 Fehler 一处错误 yī chù cuòwù einige offensichtliche Lücken 几处明显漏洞 jǐ chù míngxiǎn lòudòng
串 chuàn	*auffädeln, aufreihen, aneinanderreihen*	
	ZW für Aufgefädeltes	1 Halskette 一串项链 yī chuàn xiàngliàn 1 mal "Kandierte Kürbisfrüchte auf Bambusspieß" (Pekinger Spezialität) 一串儿冰糖葫芦 yī chuànr bīng táng húlu

	Kette, Reihe, Strang ⇨ 股 gǔ, 挂 guà, 绞 jiǎo, 列 liè	1 Perlenschnur/-kette 一串珠子 yī chuàn zhūzi 1 Strang (aufgefädelte) Chilischoten 一串辣椒 yī chuàn làjiāo Ich stellte ihm eine Reihe von Fragen. 我问了他一串问题 ⇨ 道 dào, 则 zé wǒ wènle tā yī chuàn wèntí
	Traube, Bund ⇨ 簇 cù, 捆 kǔn, 子 zǐ	1 Traube Weinbeeren 一串葡萄 yī chuàn pútáo 1 Schlüsselbund 一串钥匙 yī chuàn yàoshi
床 chuáng	*Bett, Lager*	
	ZW für Bettzeug (beachte: 1 Bett: 一张床 yī zhāng chuáng)	1 Bettdecke ⇨ 层 céng 一床被子 yī chuáng bèizi Bettzeug für 2 Lager/Betten 两床铺盖 liǎng chuáng pūgài
次 cì	*Reihenfolge; Rangordnung; nächster, folgender; zweiter*	
	Mal, -mal(ig) ⇨ 把 bǎ, 倍 bèi, 遍 biàn, 度 dù, 番 fān, 回 huí, 和 huò, 面 miàn, 期 qī, 任 rèn, 趟 tàng, 通 tòng, 下 xià, 遭 zāo	das erste Mal 第一次 dì-yī cì 3-malige Reise 三次旅行 sān cì lǚxíng Ich habe mal in diesem Buch gelesen. 我读了一次这本书 ⇨ 遍 biàn wǒ dú le yī cì zhè běn shū 3 Mal an der Tür klopfen 敲三次门 qiāo sān cì mén ***Tip:*** 3 Mal mit 次 an der Tür klopfen bedeutet dreimalig mehrere Klopfzeichen geben ⇨ 下 xià ein(malig)e Chance/Gelegenheit 一次机会 yī cì jīhuì
	(Zug-)Nummer ⇨ 号 hào, 列 liè	Zug Nr. 14 十四次列车 shísì cì lièchē

Zeichen	Bedeutung	Beispiele
簇 cù	*Vielzahl, Anzahl, Haufen, Menge*	
	Haufen, Traube, Bund, Bündel, Busch, Büschel, Strauß (nicht zusammengebunden) ⇨ 把 bǎ, 包 bāo, 串 chuàn, 堆 duī, 墩 dūn, 捆 kǔn, 蓬 péng, 束 shù, 扎 zā, 子 zǐ, 宗 zōng, 撮 zuǒ	1 Blumenstrauß/Bukett ⇨ 把 bǎ, 束 shù 一簇鲜花 yī cù xiānhuā 1 grüner Bambusbusch ⇨ 蓬 péng 一簇翠竹 yī cù cuì zhú 1 Beerentraube 一簇浆果 yī cù jiāngguǒ 1 Federbüschel 一簇羽毛 yī cù yǔmáo
撮 cuō	*sammeln, zusammenbringen; etw mit den Fingern nehmen* ⇨ 撮 zuǒ	
	Prise, ein bisschen ⇨ 点 diǎn, 丝 sī, 些 xiē	1 Prise Salz ⇨ 勺 sháo 一撮盐 yī cuō yán 1 Prise Schnupftabak 一撮鼻烟 yī cuō bíyān
	eine Handvoll Leute, ein paar Leute (mit negativer Bewertung) ⇨ 把 bǎ, 班 bān, 帮 bāng, 拨 bō, 茬 chá, 队 duì, 股 gǔ, 伙 huǒ, 批 pī, 起 qǐ, 群 qún, 组 zǔ	eine Handvoll (schlechter) Leute 一小撮人 yī xiǎo cuō rén ein paar Gauner/Rowdys 一小撮流氓 yī xiǎo cuō liúmáng
	hist ME: Milliliter	⇨ "Historische Maßeinheiten", S. 141
打 dá	*Dutzend (beachte 打 dǎ: schlagen, klopfen)*	
	Dutzend	1 Dutzend Bleistifte 一打铅笔 yī dá qiānbǐ
沓 dá	*Stoß, Stapel (beachte 沓 tà: eine endlose Folge von etwas)*	
	Stoß, Stapel ⇨ 摞 luò, 批 pī	1 Stapel Zeitungen 一沓报纸 yī dá bàozhǐ 1 Stoß Briefpapier 一沓信纸 yī dá xìnzhǐ

<table>
<tr><td rowspan="2">代
dài</td><td colspan="2">etw/j-n vertreten; Epoche, Ära; Dynastie</td></tr>
<tr><td>Generation
⇨ 辈 bèi, 茬 chá</td><td>2 Generationen
两代人 liǎng dài rén
die 3. Generation Mobiltelefone
第三代移动电话
dì-sān dài yídòng diànhuà
eine ältere Generation Führer
老一代领导人 lǎo yī dài lǐngdǎorén</td></tr>
<tr><td rowspan="3">袋
dài</td><td colspan="2">Beutel, Tüte, Sack; Tasche</td></tr>
<tr><td>Tüte</td><td>1 Tüte Reis ⇨ 把 bǎ, 包 bāo, 颗 kē, 粒 lì, 捧 pěng, 桶 tǒng, 碗 wǎn
一袋米 yī dài mǐ
1 Tüte (Weizen-)Mehl
一袋面粉 yī dài miànfěn
1 Tüte Milchpulver
一袋奶粉 yī dài nǎifěn</td></tr>
<tr><td>Beutel</td><td>1 Beutel Tabak
一袋烟 yī dài yān
eine kleine Weile ⇨ 阵 zhèn
(die Zeit die es dauert, eine Pfeife zu rauchen)
一袋烟的工夫 yī dài yān de gōngfu</td></tr>
<tr><td rowspan="4">担
擔
dàn</td><td colspan="2">Traglast (beachte 担 dān: etw schultern; etw auf sich nehmen)</td></tr>
<tr><td>Traglast
⇨ 挑 tiāo</td><td>1 Traglast (= 2 Eimer) Wasser
一担水 yī dàn shuǐ</td></tr>
<tr><td>Fuhre, Ladung</td><td>1 Ladung Gemüse
一担菜 yī dàn cài
1 Fuhre Brennholz ⇨ 扎 zā
一担柴 yī dàn chái</td></tr>
<tr><td>ME Zentner (50 kg)</td><td>1 Zentner Bruchkohle
一担煤块 yī dàn méikuài</td></tr>
</table>

挡 擋 dǎng	*abhalten, aufhalten; blockieren*	
	(Getriebe-)Gang (mit dem Zahlwort verschmolzen) ⇨ 道 dào	1. Gang 头挡 tóudǎng 2. Gang 二挡 èrdǎng
档 檔 dàng	*Akte(nordner); Aktenschrank; Güte, Qualität*	
	ZW für Akten(kundiges)	diese Akten(kundige) Sache/Angelegenheit ⇨ 件 jiàn, 桩 zhuāng 这档子事 zhè dàngzi shì
刀 dāo	*Messer; Klinge*	
	Papierzählmaß: 100 Blatt ⇨ 叠 dié, 令 lǐng	1 x 100 Blatt Papier 一刀纸 yī dāo zhǐ
道 dào	*Weg, Straße; Weg, Methode; Lehre, Doktrin; Strich, Linie*	
	ZW für lange schmale Objekte ⇨ 根 gēn, 股 gǔ, 管 guǎn, 苗 miáo, 条 tiáo, 支 zhī, 枝 zhī	ein paar Falten/Runzeln 几道皱纹 jǐ dào zhòuwén unzählige Sonnenstrahlen ⇨ 抹 mǒ 万道霞光 wàn dào xiáguāng 1 Fluss ⇨ 条 tiáo 一道河 yī dào hé 1 Riss/Ritze 一道缝 yī dào fèng 2 Mauern ⇨ 堵 dǔ 两道墙 liǎng dào qiáng 3 Verteidigungslinien 三道防线 sān dào fángxiàn
	ZW für Aufgabenstellungen	1 Befehl 一道命令 yī dào mìnglìng 1 Frage ⇨ 串 chuàn, 则 zé 一道问题 yī dào wèntí 1 Rechenaufgabe 一道算术题 yī dào suànshùtí

	(Arbeits-)Gang ⇨ 挡 dǎng	ein Essen mit 4 Gängen 四道菜的一餐饭 sì dào cài de yī cān fàn mehrere Arbeitsgänge ⇨ 份 fèn, 件 jiàn 几道工序 jǐ dào gōngxù
等 děng	*Klasse, Grad, Rang; gleich wie, identisch; warten, erwarten*	
	Klasse, -klassig ⇨ 级 jí, 流 liú	erstklassige Ware 一等货 yī děng huò Kabine 2. Klasse 二等舱 èr děng cāng Verdienst dritter Klasse 三等功 sān děng gōng etw in 3 Klassen gliedern 共分三等 gòng fèn sān děng Ja gibt's denn das!? 天下竟然有这等事 tiānxià jìngrán yǒu zhè děng shì
磴 dèng	*(in den Berg gehauene) Felsstufe*	
	Stufe, Sprosse ⇨ 级 jí	Stufe für Stufe 一磴一磴 yī dèng yī dèng eine Treppe mit 12 Stufen hinaufkraxeln 爬十二磴楼梯 pá shí'èr dèng lóutī eine Leiter mit 20 Sprossen hinaufklettern 爬二十磴梯子 pá èrshí dèng tīzi
滴 dī	*tropfen, tröpfeln*	
	ZW für Tropfenförmiges ⇨ 颗 kē, 粒 lì	1 Schweißtropfen ⇨ 颗 kē 一滴汗 yī dī hàn 1 Träne ⇨ 行 háng 一滴眼泪 yī dī yǎnlèi

<table>
<tr><td></td><td>Tropfen</td><td>1 Tropfen Blut ⇨ 股 gǔ
一滴血 yī dī xuè
1 Tropfen Wasser
一滴水 yī dī shuǐ</td></tr>
<tr><td rowspan="7">点
點
diǎn</td><td colspan="2">Tropfen; Fleck; Punkt, Stelle</td></tr>
<tr><td>bisschen, Quäntchen
⇨ 撮 cuō, 丝 sī, 些 xiē</td><td>ein bisschen Salz
一点盐 yī diǎn yán
Es fehlt ein kleines Quäntchen Glück.
缺少一点运气 quēshǎo yī diǎn yùnqi</td></tr>
<tr><td>Punkt
⇨ 磅 bàng, 处 chù, 分 fēn, 来 lái, 条 tiáo, 项 xiàng, 则 zé</td><td>einige unausgereifte Ideen
几点成熟的想法
jǐ diǎn chéngshú de xiǎngfa
5-Punkte-Vorschlag
五点建议 wǔ diǎn jiànyì
1. Punkt (z.B. der Tagesordnung)
第一点 dì-yī diǎn
1 Fehler ⇨ 处 chù
一点错误 yī diǎn cuòwù</td></tr>
<tr><td>Komma (chin/brit "Punkt") in Dezimalbrüchen</td><td>Erdbeben der Stärke 6,3 (auf der Richterskala) ⇨ 级 jí
六点三级地震 liù diǎn sān jí dìzhèn</td></tr>
<tr><td>(um ...) Uhr</td><td>um 3 Uhr
三点钟 sān diǎn zhōng
Um wieviel Uhr?
几点 jǐ diǎn</td></tr>
<tr><td>punktartiger Strich in Schriftzeichen
“ 、”
⇨ 笔 bǐ, 横 héng, 画 huà, 捺 nà, 撇 piě, 竖 shù, 提 tí</td><td>Das Schriftzeichen "六" besteht aus zwei punktartigen Strichen, einem Querstrich und einem schräg nach links verlaufenden Strich.
六字的写法是两点一横一撇
liù zì de xiěfǎ shì liǎng diǎn yī héng yī piě</td></tr>
<tr><td colspan="2"></td></tr>
<tr><td rowspan="2">叠
dié</td><td colspan="2">etw stapeln, auftürmen; etw zusammenfalten</td></tr>
<tr><td>druckw Heft
Papierzählmaß: 10 Bogen
⇨ 刀 dāo, 令 lǐng</td><td>1 Heft ⇨ 本 běn
一叠 yī dié</td></tr>
</table>

<table>
<tr><td rowspan="3">顶
頂
dǐng</td><td colspan="2">höchster Punkt, Scheitel, Spitze; etw auf dem Kopf tragen; etw gleichen</td></tr>
<tr><td>ZW für Kopfbedeckungen</td><td>1 Strohhut
一顶草帽 yī dǐng cǎomào
1 Mütze
一顶帽子 yī dǐng màozi</td></tr>
<tr><td>ZW für Gegenstände mit/aus einem an einem Punkt aufgehängten Schleier</td><td>1 Moskitonetz
一顶帐子 yī dǐng zhàngzi
1 Brautsänfte
一顶花轿 yī dǐng huājiào</td></tr>
<tr><td rowspan="2">锭
錠
dìng</td><td colspan="2">(Metall-)Barren; (Arznei-)Mittel</td></tr>
<tr><td>Block, Barren, Stück
⇨ 块 kuài</td><td>1 Block (Schreib-)Tusche
一锭墨 yī dìng mò
1 Barren Silber
一锭银子 yī dìng yínzi</td></tr>
<tr><td rowspan="2">栋
棟
dòng</td><td colspan="2">(Dach-)First</td></tr>
<tr><td>ZW für kleine Gebäude
⇨ 所 suǒ, 幢 zhuàng, 座 zuò</td><td>1 Haus
一栋房子 yī dòng fángzi
1 Villa
一栋豪宅 yī dòng háozhái</td></tr>
<tr><td rowspan="2">堵
dǔ</td><td colspan="2">stopfen, verstopfen, versperren; erstickend, drückend, beklemmend</td></tr>
<tr><td>ZW für Mauern</td><td>1 Mauerwerk ⇨ 道 dào
一堵墙 yī dǔ qiáng</td></tr>
<tr><td rowspan="3">度
dù</td><td colspan="2">Ausmaß, Stärke, Grad, Stufe; Berechnung, Berücksichtigung; (Zeit) verleben, verbringen (beachte 度 duó: vermuten, schätzen)</td></tr>
<tr><td>-mal (Gelegenheit, Zeitpunkt)
⇨ 把 bǎ, 倍 bèi, 遍 biàn, 次 cì, 番 fān, 回 huí, 和 huò, 面 miàn, 期 qī, 任 rèn, 趟 tàng, 通 tòng, 下 xià, 遭 zāo</td><td>einmal im Jahr
一年一度 yī nián yī dù</td></tr>
<tr><td>Grad (Temperatur, Winkel)</td><td>-5 °C
零下五度 líng xià wǔ dù
40° nördlicher Breite
北纬四十度 běiwěi sìshí dù</td></tr>
</table>

	Grad, Stärke ⇨ 段 duàn, 级 jí, 流 liú, 支 zhī	Verbrennungen 3. Grades 三度烧伤 sān dù shāoshāng
	Prozent, Gehalt ⇨ 成 chéng, 分 fēn	Dieser Schnaps enthält 60% Alkohol. 这种酒六十度 zhè zhǒng jiǔ liùshí dù
	Wert	Für die Aussaat sollte der Boden einen pH-Wert von 6 haben. 播种土壤需要的氢离子浓度指数值是六度 bōzhòng tǔrǎng xūyào dè qīnglízǐ nóngdù zhǐshù zhí shì liù dù oder 播种土壤需要的酸碱度是六 bōzhòng tǔrǎng xūyào dè suānjiǎodù shì liù oder 播种土壤需要的 pH[31]-值是六度 bōzhòng tǔrǎng xūyào dè pH-zhí shì liù dù
	Brillenstärke (Grad)	*umg* 10 Grad Brillenstärke = 1 Dioptrie 10 度 = 1 屈光度 10 dù = 1 qūguāngdù
	ME Kilowattstunde	1 kWh Strom 一度电 yī dù diàn
段 duàn	*Teil, Stück, Strecke, Abschnitt*	
	Teil, Stück, Strecke, Abschnitt, Partie ⇨ 层 céng, 集 jí, 节 jié, 截 jié, 款 kuǎn, 停 tíng, 项 xiàng	1 Stück eines Weges 一段路 yī duàn lù 1 Absatz eines Artikels ⇨ 款 kuǎn, 页 yè 一段文章 yī duàn wénzhāng 1 Partie eines Musikstücks 一段音乐 yī duàn yīnyuè 1 Eisenbahnstrecke 一段铁路 yī duàn tiělù 1 Zeitabschnitt 一段时间 yī duàn shíjiān

[31] *wird englisch ausgesprochen (also "pi eitsch" oder so ähnlich)*

		eine schöne Zeit 一段美好的时光 yī duàn měihǎode shíguāng 1 Stück Holz ⇨ 截 jié 一段木头 yī duàn mùtou
	(Meister-)Grad, Rang eines Go- oder Schach-Spielers[32] ⇨ 度 dù, 级 jí, 流 liú, 名 míng, 支 zhī	Schachmeister 9. Grades 九段棋手 jiǔ duàn qíshǒu
堆 duī	*Haufen, Stapel, Hügel; etw aufschütten, aufstapeln*	
	Haufen, Halde ⇨ 簇 cù, 宗 zōng	1 Müllhaufen/Müllhalde/Müllkippe 一堆垃圾 yī duī lājī 1 Kohlehaufen 一堆煤 yī duī méi 1 Steinhaufen 一堆石头 yī duī shítou 1 Haufen Flaschen/Pullen 一堆瓶子 yī duī píngzi 1 Haufen/Halde rostiger Maschinen 一堆生锈的机器 yī duī shēngxiùde jīqì
对 對 duì	*antworten; gegenübertreten; halbieren; Richtig! Stimmt!*	
	Paar (hauptsächlich für Menschen) ⇨ 副 fù, 双 shuāng, 只 zhī	1 Ehepaar 一对夫妇 yī duì fūfù 1 Paar Vasen 一对花瓶 yī duì huāpíng
队 隊 duì	*Reihe; Gruppe, Mannschaft, Team*	
	(Menschen-) Gruppe (in Reih und Glied); Phalanx ⇨ 班 bān, 帮 bāng, 拨 bō, 茬 chá, 撮 cuō, 股 gǔ, 伙 huǒ, 批 pī, 起 qǐ, 群 qún, 组 zǔ	1 Gruppe Grundschüler 一队小学生 yī duì xiǎoxuéshēng 1 Phalanx Leibwächter 一队保镖 yī duì bǎobiāo

[32] *Go* = 围棋 wéiqí, *chin Schach* = 象棋 xiàngqí

		1 Trupp/Truppe 一队人马 yī duì rénmă sich in zwei Reihen aufstellen ⇨ 列 liè, 路 lù, 排 pái 排成两队 páichéng liăng duì
墩 dūn	*Erdhügel; Block, Klotz; Stützpfeiler*	
	Büschel ⇨ 把 bă, 簇 cù, 蓬 péng, 撮 zuŏ	1 Büschel Gras 一墩草 yī dūn căo 10000 Reissetzlinge verpflanzen 栽稻秧一万墩 zāi dàoyāng yīwàn dūn
顿 頓 dùn	*Pause; arrangieren, unterbringen; sofort, plötzlich, auf einmal*	
	Portion ⇨ 餐 cān, 份 fèn, 客 kè	1 Frühstück 一顿早餐 yī dùn zăocān täglich 3 Mahlzeiten 一天三顿饭 yītiān sān dùn fàn
	Tracht	1 Tracht Prügel 一顿毒打 yī dùn dúdă
多 duō	*viel, eine Menge*	
	(vor anderem subst. ZEW) mehr als, länger als, über ⇨ 强 qiáng, 弱 ruò, 余 yú	über 80 Jahre (alt) 八十多年 bāshí duō nián gut 30 Gemüsesorten 三十多种蔬菜 sānshí duō zhŏng shūcài Das Buch hat mehr als 1000 Seiten. 全书一千多页 quán shū yīqiān duō yè
朵 duŏ	*Blüte, Blume*	
	ZW für Blumen	1 Blume 一朵花 yī duŏ huā 1 Tulpe 一朵郁金香 yī duŏ yùjīnxiāng 1 Wolke ⇨ 缕 lǚ, 片 piàn, 团 tuán 一朵云 yī duŏ yún

发 發 fā	*abgeben, ausstrahlen; liefern, ausgeben; senden; schießen, abfeuern (beachte 发(髮) fà: Haar)*	
	ZW für Munition ("Schuss") ⇨ 枚 méi	200 Patronen ⇨ 颗 kē, 粒 lì 两百发子弹 liǎngbǎi fā zǐdàn 1 (Artillerie-)Geschoss ⇨ 枚 méi 一发炮弹 yī fā pàodàn 1 Schuss abgeben 射出一发子弹 shèchū yī fā zǐdàn
番 fān	*Wiederholung; Sorte, Art*	
	Anzahl von Wiederholungen, -mal, -fach ⇨ 把 bǎ, 倍 bèi, 遍 biàn, 次 cì, 度 dù, 回 huí, 和 huò, 面 miàn, 期 qī, 任 rèn, 趟 tàng, 通 tòng, 下 xià, 遭 zāo	doppelt 一番 yī fān vierfach ⇨ 倍 bèi 两番 liǎng fān immer wieder 三番五次 sān fān wǔ cì sich viel Kopfzerbrechen gemacht haben 费了一番心思 fèile yī fān xīnsi viel von der Welt gesehen haben 见过一番世面 jiàn guo yī fān shìmiàn
	verdoppelt ⇨ 倍 bèi	Der Getreideertrag hat sich verdoppelt. 粮食产量翻了一番 liángshi chǎnliàng fānle yī fān Der Stahlausstoß hat sich verdoppelt. 钢产量翻了一番 gāngchǎnliàng fānle yī fān Die Produktion hat sich in drei Jahren vervierfacht. 产量三年内翻了两番 chǎnliàng sān nián nèi fānle liǎng fān
	Sorte, Art ⇨ 号 hào, 款 kuǎn, 路 lù, 码 mǎ, 样 yàng, 种 zhǒng	eine ganz andere Welt 别有一番天地 biéyǒu yī fān tiāndì ein ganz anderer Geschmack 别有一番风味 biéyǒu yī fān fēngwèi

Zeichen	Bedeutung	Beispiel
方 fāng	*viereckig, quadratisch; (Himmels-)Richtung*	
	ZW für viereckige Dinge	1 Siegel/Stempelabdruck/Petschaft 一方图章 yī fāng túzhāng einige Stelen 几方石碑 jǐ fāng shíbēi
	Quadratmeter	5 Quadratmeter Dielen verlegen 铺木地板五方 pū mùdìbǎn wǔ fāng
	Raummeter, Ster, (Kubikmeter) ***Tip:*** 1 ***Raummeter*** ist 1 m^3 eines Materials mit lagerungsbedingten Zwischenräumen, 1 ***Festmeter*** ist 1 m^3 ohne Luft	1 Raummeter (Nutz-)Holz ⇨ 摞 luò 一方木材 yī fāng mùcái 1 Kubikmeter Sand ⇨ 锹 qiāo 一方沙子 yī fāng shāzi
房 fáng	*Haus; Zimmer, Raum; Familienzweig*	
	alt ZW für Weiber, Frauen ⇨ 个 gè, 名 míng, 任 rèn, 条 tiáo, 位 wèi	1 Schwiegertochter 一房儿媳妇 yī fángr xífù
分 fēn	*teilen, trennen, spalten* (*beachte* 分 fèn: *Anteil, Gehalt*)	
	(Bewertungs-)Punkt ⇨ 点 diǎn	2 Punkte machen 得两分 dé liǎng fēn
	chin Währungseinheit: Pfennig/Cent	⇨ "Währung", S. 31
	hist ME 1/3 Zentimeter	⇨ "Historische Maßeinheiten", S. 141
	hist ME 1/150 Hektar	⇨ "Historische Maßeinheiten", S. 141
	hist ME 1/2 Gramm	⇨ "Historische Maßeinheiten", S. 141
	monatlicher Zinssatz: 1 % ⇨ 厘 lí	zu einem monatlichen Zins von 1,3 % 月利率一分三 yuèlìlǜ yī fēn sān
	jährlicher Zinssatz: 10 % ⇨ 厘 lí	zu einem jährlichen Zins von 15 % 年利率一分五 niánlìlǜ yī fēn wǔ
	ME Minute (Zeit und Winkel)	60 Sekunden = 1 Minute 60 秒 = 1 分, 60 miǎo = 1 fēn
	Zehntel ⇨ 成 chéng, 度 dù, 开 kāi, 扣 kòu, 折 zhé	hundertprozentig sicher 有十分把握 yǒu shí fēn bǎwò

	zur Angabe von Bruchzahlen (zusammen mit 之 zhī)	3/4 四分之三 sì fēn zhī sān 15 % (=15/100) ⇨ 度 dù 百分之十五 bǎi fēn zhī shíwǔ
份 fèn	*Anteil, Part; Portion, Menge*	
	(festgelegter) Anteil, Paket ⇨ 股 gǔ	1 Arbeitspaket ⇨ 道 dào, 件 jiàn 一份工作 yī fèn gōngzuò 1 Gewinnanteil 一份利润 yī fèn lìrùn
	Menge, Portion ⇨ 餐 cān, 顿 dùn, 客 kè	1 Honorar 一份薪水 yī fèn xīnshuǐ 1 Präsent 一份礼品 yī fèn lǐpǐn 1 Essensportion 一份饭 yī fèn fàn
	Ausfertigung, Exemplar, Ausgabe ⇨ 册 cè, 期 qī	3 Durchschläge machen 复写三份 fùxiě sān fèn 1 Exemplar der "Volkszeitung" 一份《人民日报》 ⇨ 卷 juǎn, 张 zhāng yī fèn "Rénmín Rìbào"
封 fēng	*schließen, verschließen; siegeln; Umschlag*	
	ZW für Postsendungen mit Umschlag ⇨ 通 tōng, 纸 zhǐ	1 Brief 一封信 yī fēng xìn 1 Einschreibebrief 一封挂号信 yī fēng guàhàoxìn 1 Telegramm 一封电报 yī fēng diànbào

<table>
<tr><td rowspan="3">幅
fú</td><td colspan="2">Stoffbahn; Größe, Format, Umfang</td></tr>
<tr><td>ZW für Bilder
"(Bild-)Rolle"
⇨ 堂 táng, 帧 zhēn, 轴 zhóu</td><td>1 Bild
一幅画 yī fú huà
1 schönes Landschaftsbild
一幅美景 yī fú měijǐng
1 Porträt ⇨ 轴 zhóu
一幅肖像 yī fú xiàoxiàng</td></tr>
<tr><td>(Stoff-)Bahn, Breite</td><td>1 Stoffbahn
一幅布 yī fú bù</td></tr>
<tr><td rowspan="2">服
fù</td><td colspan="2">Dosis (beachte 服 fú: Kleidung; dienen)</td></tr>
<tr><td>Dosis
⇨ 格 gé, 剂 jì, 帖 tiě</td><td>1 Dosis Medizin
一服药 yī fù yào</td></tr>
<tr><td rowspan="3">副
fù</td><td colspan="2">stellvertretend, Vize-; paarweise; passend</td></tr>
<tr><td>(zusammengehöriges) Paar
⇨ 对 duì, 双 shuāng, 只 zhī</td><td>1 Brille
一副眼镜 yī fù yǎnjìng
1 Paar Handschellen
一副手铐 yī fù shǒukào
1 Paar Handschuhe
一副手套 yī fù shǒutào
1 Paar Ohrringe
一副耳环 yī fù ěrhuán</td></tr>
<tr><td>ZW für Dinge, die aus einem Satz verschiedener Teile bestehen
⇨ 套 tào, 组 zǔ</td><td>1 (Ritter-)Rüstung ⇨ 套 tào
一副盔甲 yī fù kuījiǎ
1 Sarg ⇨ 具 jù, 口 kǒu
一副棺材 yī fù guāncai
1 Schachspiel
一副象棋 yī fù xiàngqí
1 Päckchen Spielkarten
一副纸牌 yī fù zhǐpái</td></tr>
</table>

	ZW für Gesichtsausdrücke ⇨ 张 zhāng	ein Lächeln 一副笑脸 yī fù xiàoliǎn In seinen Augen war ein wilder Ausdruck. 他眼睛里露出一副凶相 tā yǎnjingli lùchū yī fù xiōngxiàng
杆 gǎn	*(Hebel-)Arm, Holm, Halter* *(beachte* 杆 gān: *Stab, Stange, Stängel; Gestänge, Schaft, Stiel, Halter)*	
	ZW für längliche Geräte ⇨ 柄 bǐng, 部 bù, 架 jià, 具 jù, 台 tái, 只 zhī	1 Laufwaage 一杆秤 yī gǎn chèng 1 Gewehr ⇨ 挺 tǐng, 枝 zhī 一杆枪 yī gǎn qiāng
格 gé	*Karo; Matrix; Standard, Norm (beachte* 格格 gēgē: *lautm Gack gack!)*	
	ZE für Eingeteiltes, Einheit(en)	jedes Mal 1 Dosis ⇨ 服 fù, 剂 jì, 帖 tiě 每次服一小格 měi cì fú yī xiǎo gé Bücherregal mit 4 Fächern 四格儿的书架 sì gér de shūjià
	sprachw Fall, Kasus	Nominativ 第一格 dì-yī gé Genitiv 第二格 dì-èr gé Dativ 第三格 dì-sān gé Akkusativ 第四格 dì-sì gé
个 個 gè[33]	*einzeln, allein (beachte* 个 gě: *j-d selbst)*	
	ZW für Menschen und Personen (ohne Anrede) ⇨ 房 fáng, 名 míng, 条 tiáo, 位 wèi	1 Student 一个学生 yī ge xuésheng 1 Tochter ⇨ 房 fáng 一个女儿 yī ge nǚ'ér

[33] *wird als ZEW im "schwachen Ton" gesprochen*

	ZW für abstrakte Begriffe ⇨ 把 bǎ	1 Traum 一个梦 yī ge mèng 1 Ansicht/Auffassung 一个看法 yī ge kànfǎ 1 Wunsch 一个愿望 yī ge yuànwàng
	Sonderstellung als allgemeines ZW: 个 wird verwendet, wenn es kein spezielles ZW gibt. Es kann notfalls auch verwendet werden, wenn man das richtige ZW nicht kennt	1 Woche ⇨ 周 zhōu 一个星期 yī ge xīngqī 1 Stunde 一个钟头 yī ge zhōngtóu das 3. Jahr ⇨ 年 nián 第三个年头 dì-sān ge niántóu 1 Familie (Haushalt) ⇨ 家 jiā 一个家庭 yī ge jiātíng
	Patikel vor ungefähren Zahlenangaben ⇨ 来 lái	für ein paar Tage weggehen 去个两三天 qù gè liǎng sān tiān
根 gēn	*Wurzel, Fuß, Basis; Ursache, Ursprung*	
	ZW für lange dünne Gegenstände ⇨ 道 dào, 管 guǎn, 苗 miáo, 条 tiáo, 支 zhī, 枝 zhī	1 Draht ⇨ 卷 juǎn, 盘 pán 一根铁丝 yī gēn tiěsī 1 Haar 一根头发 yī gēn tóufa 1 Nadel 一根针 yī gēn zhēn 1 Seil/Leine ⇨ 股 gǔ 一根绳子 yī gēn shéngzi 1 Streichholz ⇨ 盒 hé 一根火柴 yī gēn huǒchái 1 Stück Tafelkreide 一根粉笔 yī gēn fěnbǐ 1 Zigarette ⇨ 包 bāo, 盒 hé, 条 tiáo, 支 zhī 一根香烟 yī gēn xiāngyān
	Halm ⇨ 茎 jīng	1 Grashalm ⇨ 墩 dūn 一根草 yī gēn cǎo

股 gǔ	*Anteil; Abteilung; Oberschenkel*	
	Strang, Faden ⇨ 串 chuàn, 道 dào, 绞 jiǎo	1 Faden/Schnur ⇨ 条 tiáo 一股线 yī gǔ xiàn 1 Rinnsal (aus einer Quelle) 一股泉水 yī gǔ quánshuǐ 1 Rinnsal/Bachlauf ⇨ 条 tiáo 一股水 yī gǔ shuǐ 1 Faden (frisches) Blut (der aus einer Wunde rinnt) ⇨ 滴 dī 一股鲜血 yī gǔ xiānxuè 3-strängiges Seil ⇨ 根 gēn 三股的绳子 sān gǔ de shéngzi
	Hauch, Spur ⇨ 丝 sī, 线 xiàn	ein feiner Duft 一股香味 yī gǔ xiāngwèi ein Hauch warmer Luft ⇨ 团 tuán 一股热气 yī gǔ rèqì in einem Atemzug / mit einem Schlag 一股劲 yī gǔ jìn eine Spur Knoblauch⇨ 瓣 bàn, 辫 biàn, 头 tó 一股蒜味 yī gǔ suànwèi ein Hauch Parfüm 一股香水 yī gǔ xiāngshuǐ
	Gruppe, Bande, Rotte, Horde ⇨ 班 bān, 帮 bāng, 拨 bō, 茬 chá, 撮 cuō, 队 duì, 伙 huǒ, 批 pī, 起 qǐ, 群 qún, 组 zǔ	1 Rotte Banditen 一股土匪 yī gǔ tǔfěi 1 Diebesbande 一股小偷 yī gǔ xiǎotōu 1 Horde Jugendlicher 一股年青人 yī gǔ niánqīngrén 1 Gruppe feindlicher Soldaten 一股敌军 yī gǔ díjūn
	Anteil, Aktie ⇨ 份 fèn	Geld in 5 gleiche Anteile aufteilen 把钱均分成五股 bǎ qián jūnfēn chéng wǔ gǔ

		30 Anteile/Aktien einer Firma halten/besitzen 在公司里拥有三十股 zài gōngsīli yōngyǒu sānshí gǔ Die kleinste handelbare Einheit sind 50 Anteile/Aktien. ⇨ 手 shǒu 五十股为一手 wǔshí gǔ wéi yī shǒu
挂 掛 guà	*anhängen, aufhängen; sich verfangen, hängenbleiben*	
	Kette, Kordel ⇨ 串 chuàn, 列 liè	1 Knallfroschkordel 一挂鞭炮 yī guà biānpào 1 Perlenschnur ⇨ 串 chuàn 一挂珠子 yī guà zhūzi
	ZW für Gespanne ⇨ 辆 liàng, 列 liè	1 Pferdegespann/Fuhrwerk/Kutsche 一挂马车 yī guà mǎchē
管 guǎn	*Rohr, Röhre, Leitung; verwalten, für etw zuständig sein*	
	ZW für röhrenförmige Gegenstände ⇨ 道 dào, 根 gēn, 苗 miáo, 条 tiáo, 支 zhī, 枝 zhī	1 Flöte 一管笛子 yī guǎn dízi 1 Pinsel 一管毛笔 yī guǎn máobǐ
	Tube	1 Tube Zahnpasta 一管牙膏 yī guǎn yágāo
罐 guàn	*Büchse, Dose; Kanne; Tank*	
	Krug, Kanne ⇨ 壶 hú, 坛 tán, 扎 zhā	1 Krug Milch 一罐牛奶 yī guàn niúnǎi 1 Krug Öl 一罐油 yī guàn yóu
	(Vorrats-)Glas ⇨ 杯 bēi, 瓶 píng	1 Glas Apfelmarmelade/Apfelmus 一罐苹果酱 yī guàn píngguǒjiàng 1 Glas eingelegtes (Salz-)Gemüse 一罐咸菜 yī guàn xiáncài 1 Glas Honig 一罐蜂蜜 yī guàn fēngmì

Zeichen	Bedeutung	Beispiele
	Dose, Büchse ⇨ 盒 hé, 听 tīng	1 Dose Sardinen 一罐沙丁鱼 yī guàn shādīngyú
锅 鍋 guō	*Kochtopf; Kessel*	
	Topf (beachte: 1 Topf: 一口锅 yī kǒu guō) ⇨ 盆 pén	1 Topf Gemüse 一锅菜 yī guō cài 1 Topf Suppe 一锅汤 yī guō tāng
行 háng	*Linie, Zeile, Reihe; Beruf, Gewerbe, Zunft; Firma, Geschäft* (*beachte* 行 xíng: *gehen; verreisen*)	
	Zeile, Reihe ⇨ 队 duì, 句 jù, 列 liè, 路 lù, 排 pái, 趟 tàng	1 Baumreihe ⇨ 趟 tàng 一行树 yī háng shù 2 Reihen Tränen ⇨ 滴 dī 两行眼泪 liǎng háng yǎnlèi 1 Verszeile 一行诗句 yī háng shījù diese Zeile Zahlen ⇨ 列 liè 这行数 zhè háng shù
毫 háo	*feines Haar; Schreibpinsel; tausendstel, Milli-*	
	chin Währungseinheit: Groschen	⇨ "Währung", S. 31
	hist ME 0,005 Gramm	⇨ "Historische Maßeinheiten", S. 141
	hist ME 1/30 Millimeter	⇨ "Historische Maßeinheiten", S. 141
号 號 hào	*Merkmal, Kennzeichen, Nummer* (*beachte* 号 háo: *jammern, heulen*)	
	Tag (im Datum ⇨ S. 26) ⇨ 日 rì, 天 tiān	Der wievielte ist heute? 今天几号 jīntiān jǐ hào der 1. April 四月一号 sì yuè yī hào
	Nummer ⇨ 次 cì, 期 qī	Gebäude Nr. 5 ⇨ 所 suǒ 五号楼 wǔ hào lóu
	Anzahl (von Menschen) ⇨ 口 kǒu	mehr als 100 Leute 一百多号人 yībǎi duō hào rén

	Sorte (von Menschen) ⇨ 番 fān, 款 kuǎn, 路 lù, 码 mǎ, 样 yàng, 种 zhǒng	solche Leute 这号人 zhè hào rén
合 hé	schließen, zumachen; vereinigen, fusionieren; passen, entsprechen *(beachte* 合 gě: *Metze* ⇨ Historische Maßeinheiten, S. 141)	
	(Kampf-)Runde ⇨ 轮 lún, 盘 pán, 席 xí, 巡 xún, 遭 zāo, 周 zhōu	Ihr Kampf endete nach mehr als 20 Runden unentschieden. 他们打了二十余合，不分胜负。 Tāmen dǎle èrshí yú hé, bù fēn shèngfù.
盒 hé	*Schachtel, Büchse, Dose, Kästchen*	
	Schachtel, Büchse, Dose, Kästchen ⇨ 包 bāo, 罐 guàn, 听 tīng	1 Schachtel Streichhölzer ⇨ 根 gēn 一盒火柴 yī hé huǒchái 1 Schachtel Zigaretten ⇨ 包 bāo, 根 gēn, 条 tiáo, 支 zhī 一盒香烟 yī hé xiāngyān
横 héng	*quer; waagerecht, horizontal* *(beachte* 横 hèng: *grob, roh; schlagartig)*	
	Querstrich in Schriftzeichen “一” ⇨ 笔 bǐ, 点 diǎn, 画 huà, 捺 nà, 撇 piě, 竖 shù, 提 tí	Das Schriftzeichen "工" besteht aus zwei Querstrichen und einem senkrechten Strich. "工"字的写法是两横一竖 "gōng" zì de xiěfǎ shì liǎng héng yī shù
泓 hóng	*tief(gründig)*	
	ZW für klare Gewässer ⇨ 潭 tán	1 klare Quelle ⇨ 眼 yǎn 一泓清泉 yī hóng qīngquán ein klarer sanfter Blick (einer Frau)[34] 一泓秋水 yī hóng qiūshuǐ

[34] *Schlafzimmerblick? - War in einem Internet-Forum umstritten bzgl. eines historischen Textes:*
有女名圆，瓜期未破，亭亭玉立。真一泓秋水照人寒者也。

<table>
<tr><td rowspan="2">壶
壺
hú</td><td colspan="2">Kanne, Krug; Kessel</td></tr>
<tr><td>Kanne
⇨ 罐 guàn</td><td>1 Kanne Tee
一壶茶 yī hú chá
1 Kanne Kaffee ⇨ 听 tīng
一壶咖啡 yī hú kāfēi</td></tr>
<tr><td rowspan="2">画
畫
huà</td><td colspan="2">malen; zeichnen; Bild, Gemälde; Zeichnung, Grafik</td></tr>
<tr><td>Schreibstrich
⇨ 笔 bǐ, 点 diǎn, 横 héng, 捺 nà, 撇 piě, 竖 shù, 提 tí</td><td>Das Schriftzeichen "口" besteht aus 3 Strichen.
"口" 字共三画 "kǒu" zì gòng sān huà</td></tr>
<tr><td rowspan="2">环
環
huán</td><td colspan="2">Ring, Reif; ringförmig</td></tr>
<tr><td>Ring auf der Zielscheibe, Punkte</td><td>den 9-Punkte-Ring treffen
射中九环 shèzhòng jiǔ huán
ins Schwarze treffen (10 Ringe)
命中十环 mìngzhòng shí huán
beim Sportschießen 340 Ringe erzielen
在射击中取得三百四十环的成绩
zài shèjīzhōng qǚdé sanbǎisìshí huán de chéngjì</td></tr>
<tr><td rowspan="2">回
huí</td><td colspan="2">zurückgehen, zurückkommen, zurückkehren</td></tr>
<tr><td>Mal, -mal
⇨ 把 bǎ, 倍 bèi, 遍 biàn, 次 cì, 度 dù, 番 fān, 和 huò, 面 miàn, 期 qī, 任 rèn, 趟 tàng, 通 tòng, 下 xià, 遭 zāo</td><td>das 1. Mal
头一回 tóu yī huí
das 2. Mal
第二回 dì-èr huí
mehrmals
好几回 hǎojǐ huí
letztes Mal
上一回 shàng yī huí
etw zweimal gehört haben
听过两回 tīng guo liǎng huí
Er war schon einmal hier.
他来过这儿一回 tā lái guo zhèr yī huí</td></tr>
</table>

<table>
<tr><td rowspan="2"></td><td></td><td>Er wiederholte jedes Wort dreimal.
他把每个字重复了三回
tā bǎ měi gè zì chóngfùle sān huí</td></tr>
<tr><td>Kapitel
⇨ 页 yè</td><td>Dieser Roman umfasst 60 Kapitel.
这部小说共六十回
zhè bù xiǎoshuō gòng liùshí huí</td></tr>
<tr><td rowspan="2">会
會
huì</td><td colspan="2">etw können; sich (ver)sammeln; Hauptstadt
(beachte 会计 kuàijì: Buchführung)</td></tr>
<tr><td>Moment</td><td>Warte einen Moment!
等一会儿 děng yī huìr</td></tr>
<tr><td rowspan="2">伙
夥
huǒ</td><td colspan="2">Verpflegung; Gefährte, Partner; Gemeinschaft, Partnerschaft</td></tr>
<tr><td>Gruppe, Bande
(negativ besetzt)
⇨ 班 bān, 帮 bāng, 拨 bō, 茬 chá, 撮 cuō, 队 duì, 股 gǔ, 批 pī, 起 qǐ, 群 qún, 组 zǔ</td><td>1 Räuberbande
一伙匪徒 yī huǒ fěitú
1 Gruppe Schüler/Studenten strömte herein
一伙学生涌了进来
yī huǒ xuésheng yǒngle jìnlái</td></tr>
<tr><td rowspan="3">和
huò</td><td colspan="2">etw mit etw vermischen (beachte 和 hé, hè, hú, huó)</td></tr>
<tr><td>-mal (aufgegossen)
⇨ 把 bǎ, 倍 bèi, 遍 biàn, 次 cì, 度 dù, 番 fān, 回 huí, 面 miàn, 期 qī, 任 rèn, 趟 tàng, 通 tòng, 下 xià, 遭 zāo</td><td>Jede Dosis chinesischer Medizin wird normalerweise zweimal aufgebrüht.
每剂中药通常都煮两和
měi jì zhōngyào tōngcháng dōu zhǔ liǎng huò
Die Wäsche ist schon dreimal gespült.
衣裳已经漂了三和
yīshang yǐjing piǎole sān huò</td></tr>
<tr><td>Aufguss
(mit dem Zahlwort verschmolzen)</td><td>2. Aufguss (chin Medizin)
二和药 èrhuò yào</td></tr>
<tr><td rowspan="2">级
級
jí</td><td colspan="2">Stufe, Ebene, Grad, Stärke</td></tr>
<tr><td>Grad, Stärke, Klasse
⇨ 等 děng, 度 dù, 段 duàn, 流 liú, 支 zhī</td><td>Erdbeben der Stärke 6,3 (auf der Richterskala)
六点三级地震 liù diǎn sān jí dìzhèn</td></tr>
</table>

		Wind der (Wind-)Stärke 7 七级风 qī jí fēng Ich habe nur den 1. Doktorgrad / Promotionsgrad erreicht. 我只提升了一级 wǒ zhǐ tíshēngle yī jí Die Grundschule in China hat 6 Klassen. 中国的小学分六级 zhōngguó de xiǎoxué fēn liù jí
	Klasse, Ordnung (mit dem Zahlwort verschmolzen) ⇨ 等 děng, 流 liú	Alarm 1. Grades ("Roter Alarm") 一级战备 yījí zhànbèi Produkt 1. Klasse ("Güteklasse A") 一级产品 yījí chǎnpǐn (Land-)Straße 2. Ordnung 二级公路 èrjí gōnglù
	-stufig, -sprossig ⇨ 磴 dèng	15-sprossige Leiter 十五级的梯子 shíwǔ jí de tīzi 7-stufige Pagode ⇨ 座 zuò 七级浮屠 qī jí fútú 3-stufige Rakete 三级火箭 sān jí huǒjiàn
集 jí	*Sammlung, Anthologie; (Bauern-)Markt*	
	Band, Teil ⇨ 册 cè, 卷 juàn	Teil I 第一集 dì-yī jí 12-teilige TV-Serie 十二集电视连续剧 shí'èr jí diànshì liánxù jù Dieses Fernsehspiel wird in 2 Teilen gesendet. 这部电视剧分上，下两集 zhè bù diànshìjù fēn shàng, xià liǎng jí Diese Enzyklopädie besteht aus 30 Bänden. 这部百科全书有三十集 zhè bù bǎikēquánshū yǒu sānshí jí

<table>
<tr><td rowspan="2">记
記
jì</td><td colspan="2">sich etw merken, etw festhalten, etw notieren</td></tr>
<tr><td>ZW für Geschlagenes, (Faust-)Schlag
⇨ 把 bǎ, 通 tòng</td><td>1 Ohrfeige
一记耳光 yī jì ěrguāng
1 scharfer Schuss/Wurf
一记劲射 yī jì jìngshè
1 starker Schmetterball
一记重扣 yī jì zhòng kòu</td></tr>
<tr><td rowspan="2">剂
劑
jì</td><td colspan="2">Präparat, Mittel; Agens</td></tr>
<tr><td>Dosis
⇨ 服 fù, 格 gé, 帖 tiě</td><td>1 Dosis chinesisches Heilkraut
一剂中药 yī jì zhōngyào
Ich habe 3 Dosen Medizin genommen, schon war die Erkältung weg.
我服了三剂药就治愈了感冒
wǒ fúle sān jì yào jiù zhìyùle gǎnmào</td></tr>
<tr><td rowspan="3">家
jiā</td><td colspan="2">Familie, Haushalt; Haus, Heim; Fachmann, Experte</td></tr>
<tr><td>ZW für Geschäfte und Firmen
⇨ 爿 pán</td><td>1 Restaurant
一家饭馆 yī jiā fànguǎn
1 Schuhgeschäft
一家鞋店 yī jiā xiédiàn
1 Fabrik
一家工厂 yī jiā gōngchǎng
1 Firma
一家公司 yī jiā gōngsī
1 Kino
一家电影院 yī jiā diànyǐngyuàn
1 Theater
一家剧院 yī jiā jùyuàn
1 Fluggesellschaft
一家航空公司 yī jiā hángkōng gōngsī</td></tr>
<tr><td>Familie</td><td>1 Familie (Sippschaft) ⇨ 个 gè
一家子 yī jiāzi
2 Familien
两家人家 liǎng jiā rénjiā</td></tr>
</table>

<table>
<tr><td rowspan="3">架
jià</td><td colspan="2">Gestell, Ständer, Gerüst; Regal; etw aufstellen, errichten</td></tr>
<tr><td>ZW für Apparate und Mechanismen
⇨ 柄 bǐng, 部 bù, 杆 gǎn, 具 jù, 台 tái, 只 zhī</td><td>1 Fernsehapparat
一架电视机 yī jià diànshìjī
1 Flugzeug
一架飞机 yī jià fēijī
1 Klavier
一架钢琴 yī jià gāngqín
1 Radiogerät
一架收音机 yī jià shōuyīnjī</td></tr>
<tr><td>ZW für Berge und Gebirge
⇨ 座 zuò</td><td>1 Berg
一架山 yī jià shān</td></tr>
<tr><td rowspan="2">间
間
jiān</td><td colspan="2">zwischen, inmitten, unter; Zimmer, Raum
(beachte 间 jiàn: Zwischenraum; Zwischenzeit)</td></tr>
<tr><td>ZW für Räumlichkeiten
⇨ 套 tào, 楹 yíng</td><td>1 Zimmer
一间房间 yī jiān fángjiān
1 Schlafzimmer
一间卧室 yī jiān wòshì
1 Studierzimmer
一间书房 yī jiān shūfáng
1 Büro
一间办公室 yī jiān bàngōngshì
Ladenfront mit 3 Verkaufsräumen
三间门面 sān jiān ménmian</td></tr>
<tr><td rowspan="3">件
jiàn</td><td colspan="2">Stück; Postsendung; Schreiben, Brief</td></tr>
<tr><td>ZW für Angelegenheiten
⇨ 桩 zhuāng, 宗 zōng</td><td>1 Angelegenheit/Sache ⇨ 档 dàng
一件事情 yī jiàn shìqing
1 Arbeitsgang ⇨ 道 dào, 份 fèn
一件工作 yī jiàn gōngzuò</td></tr>
<tr><td>ZW für Kleidung
⇨ 领 lǐng, 套 tào, 条 tiáo</td><td>1 Hemd
一件衬衫 yī jiàn chènshān
1 Jacke
一件短上衣 yī jiàn duǎnshàngyī</td></tr>
</table>

<table>
<tr><td></td><td>ZW für Gepäck- und Möbelstücke
⇨ 箱 xiāng, 只 zhī</td><td>1 Gepäckstück
一件行李 yī jiàn xíngli
1 Tasche
一件包 yī jiàn bāo
1 Möbelstück ⇨ 堂 táng, 套 tào
一件家具 yī jiàn jiāju
1 Stück Porzellan(Geschirr) ⇨ 套 tào
一件瓷器 yī jiàn cíqì</td></tr>
<tr><td rowspan="3">角
jiǎo</td><td colspan="2">Horn, Geweih; Ecke, Winkel
(beachte 角 jué: (Theater-)Rolle; Schauspieler; sich streiten)</td></tr>
<tr><td>Viertel (eines kreisförmigen Gegenstandes)</td><td>1 Viertel Fladenbrot ⇨ 块 kuài, 片 piàn
一角饼 yī jiǎo bǐng</td></tr>
<tr><td>chin Währungseinheit:
Groschen</td><td>⇨ "Währung", S. 31</td></tr>
<tr><td rowspan="2">绞
絞
jiǎo</td><td colspan="2">etw verdrillen, verzwirnen; wringen, auswringen; sich verheddern</td></tr>
<tr><td>Strang, Docke[35]
⇨ 串 chuàn, 股 gǔ, 绺 liǔ</td><td>1 Docke Strickwolle ⇨ 团 tuán
一绞毛线 yī jiǎo máoxiàn</td></tr>
<tr><td rowspan="2">校
jiào</td><td colspan="2">etw vergleichen, abgleichen, justieren (beachte 校 xiào: Schule)</td></tr>
<tr><td>Korrektur (-lesung)
(mit dem Zahlwort verschmolzen)</td><td>die 1. Korrektur
一校 yījiào
die 2. Korrektur
二校 èrjiào
die 3. Korrektur
三校 sānjiào</td></tr>
</table>

[35] *Heutzutage wird Wolle und Garn vorwiegend als Knäuel verkauft, früher meist als Strang oder Docke.*

节 節 jié	*Gelenk, Knoten; Fest, Feiertag* *(beachte 节 jiē: kritischer Moment; springender Punkt)*	
	ZW für Stücke, Teile, Segmente von etw ⇨ 层 céng, 段 duàn, 集 jí, 截 jié, 停 tíng, 项 xiàng	1 Unterrichtsstunde 一节课 yī jié kè ⇨ 课 kè, 门 mén, 堂 táng 1 Eisenbahnwaggon ⇨ 列 liè 一节车厢 yī jié chēxiāng 1 Stück Eisenrohr 一节铁管 yī jié tiěguǎn 1 Batterie ⇨ 组 zǔ 一节电池 yī jié diànchí
	ME Knoten (Seemeilen pro Stunde)	1 Knoten = 1,852 km/h 1 节 = 1.852 公里每小时, 1 jié = 1.852 gōnglǐ měi xiǎoshí
截 jié	*etw (ab)schneiden, zerschneiden; etw unterbrechen*	
	(Teil-)Stück ⇨ 层 céng, 段 duàn, 集 jí, 节 jié, 停 tíng, 项 xiàng	1 Stück Holz ⇨ 段 duàn 一截木头 yī jié mùtou 1 Stück Wegs 一截路 yī jié lù die Hälfte des Satzes verschlucken / mitten im Satz aufhören 话说了半截儿 huà shuō le bàn jiér
届 jiè	*fällig werden, ablaufen; turnusmäßig*	
	ZW für periodische Veranstaltungen / Ereignisse ⇨ 茬 chá, 年 nián, 岁 suì, 载 zǎi	die 1995er Absolventen ⇨ 茬 chá 九十五届毕业生 jiǔshíwǔ jiè bìyèshēng die 29. Olympiade 第二十九届奥运会 dì-èrshíjiǔ jiè àoyùnhuì der 2. Nationale Volkskongress 第二届全国人民代表大会 dì-èr jiè quánguó rénmín dàibiǎo dàhuì

戒 jiè	*auf etw/j-n Acht geben; etw aufgeben*	
	rel Gebot (i.e. Verbot[36]) ⇨ 诫 jiè, 项 xiàng	die 5 buddhistischen Gebote 五戒 wǔjiè 1. Gebot: Keine Lebewesen töten oder verletzen. 第一戒：不可侵害他生命自由 dì-yī jiè: bùkě qīnhài tā shēngmìng zí yóu
	Regel	Regel Nr. 1 第一戒 dì-yī jiè
诫 誡 jiè	*j-n verwarnen*	
	rel Gebot (i.e. Empfehlung) ⇨ 戒 jiè, 项 xiàng	die 10 christlichen Gebote 麾西十诫 huī xī shíjiè 5. Gebot: Du sollst nicht töten.[37] 第五诫：不可杀人 dì-wǔ jiè: bùkě shā rén
进 jìn	*vorwärts, nach vorne; hinein, herein*	
	Hof eines traditionellen chin Wohnkomplexes	Dieses Wohnhaus hat 3 Höfe. 这座宅子有三进 zhè zuò zháizi yǒu sān jìn
茎 莖 jīng	*Halm; Stiel, Stängel; Strunk*	
	Halm, Stange, Stängel ⇨ 根 gēn	1 Stange Lauch ⇨ 捆 kǔn 一茎韭菜 yī jīng jiǔcài einige Halme[38] Schnittlauch 数茎韭葱 shù jīng jiǔcōng
景 jǐng	*Landschaft; (Bühnen-)Bild; Umstände, Lage; j-n verehren*	
	(Theater-)Szene ⇨ 场 chǎng, 幕 mù	1. Akt, 2. Szene 第一幕第二景 dì-yī mù dì-èr jǐng

---

36 *Die in einigen Wörterbüchern für* 十戒 shíjiè *angegebene Übersetzung "10 Verbote" ist eigentlich nicht korrekt. Für Gläubige sind die buddhistischen Gebote Selbstverpflichtung (Vorsätze).*

37 *Bei Katholiken und Lutheranern ist dies das 5. Gebot, bei Juden, Anglikanern und Orthodoxen das 6.*

38 *Im Deutschen gibt es eigentlich kein Zählwort für einzelne Schnittlauchhalme, da üblicherweise von einem Bund Schnittlauch gesprochen wird, das ca. fingerdick ist.*

<table>
<tr><td rowspan="2">局
jú</td><td colspan="2">Situation, Lage; Behörde, Amt; Falle, Intrige; Grenze, Schranke</td></tr>
<tr><td>Sport Satz, Partie
⇨ 盘 pán</td><td>der 1. Satz
第一局 dì-yī jú
1 Partie Schach spielen
下一局棋 xià yī jú qí</td></tr>
<tr><td rowspan="3">句
jù</td><td colspan="2">sprachw Satz</td></tr>
<tr><td>Zeile (eines Verses)
⇨ 行 háng, 排 pái</td><td>2 Verszeilen / ein Verspaar
两句诗 liǎng jù shī</td></tr>
<tr><td>(wenige) Worte</td><td>Ich sage nur noch eins.
我说一句话 wǒ shuō yī jù huà
einige Worte wechseln
聊几句 liáo jǐ jù
Ich möchte nur ein paar Worte sagen.
我想说几句 wǒ xiǎng shuō jǐ jù
Er ging, ohne ein einziges Wort zu sagen.
他一句话也没说就走了
tā yī jù huà yě méi shuō jiù zǒu le</td></tr>
<tr><td rowspan="3">具
jù</td><td colspan="2">Gebrauchsgegenstand, Gerät; haben, besitzen</td></tr>
<tr><td>ZW im Zusammenhang mit Leichen</td><td>1 Leichnam
一具尸体 yī jù shītǐ
1 Sarg ⇨ 副 fù, 口 kǒu
一具棺 yī jù guān</td></tr>
<tr><td>ZW für verschiedene Geräte
⇨ 柄 bǐng, 部 bù, 杆 gǎn, 架 jià, 台 tái, 只 zhī</td><td>1 Tischuhr
座钟一具 zuòzhōng yī jù</td></tr>
<tr><td rowspan="2">卷
捲
juǎn</td><td colspan="2">einrollen; aufwickeln; aufkrempeln; aufwirbeln
⇨ 卷 juàn</td></tr>
<tr><td>Rolle, Spule
⇨ 本 běn, 盘 pán, 轴 zhóu</td><td>1 Filmrolle, 1 Rolle (Negativ-)Film
一卷软片 yī juǎn ruǎnpiàn
1 Rolle Klopapier
一卷手纸 yī juǎn shǒuzhǐ</td></tr>
</table>

		1 Rolle verzinkter Draht ⇨ 根 gēn, 盘 pán 一卷铅丝 yī juǎn qiānsī 1 Rolle Baumwollgarn ⇨ 支 zhī, 子 zǐ 一卷棉线 yī juǎn miánxiàn
	ZW für Zusammengerolltes ⇨ 盘 pán	1 zusammengerollte Zeitung ⇨ 份 fèn, 张 zhāng 一卷报纸 yī juǎn bàozhǐ
卷 juàn	*Schriftrolle; Akte* ⇨ 卷 juǎn	
	(Buch-)Band ⇨ 册 cè, 集 jí	der 2. Band 第二卷 dì-èr juàn Dieser Roman besteht aus 3 Bänden. 这本小说共三卷 zhè běn xiǎoshuō gòng sān juàn
开 開 kāi	*öffnen; beginnen*	
	Karat ME für die Reinheit von Gold: 24 Karat = 100% reines Gold (beachte: Karat als Gewichtseinheit 0,2 g: 克拉 kèlā)	ein Fingerring aus 20-karätigem Gold 二十开的金戒指 èrshí kāi de jīn jièzhǐ
	Verhältnis in Teilen von 10 wird durch zwei Ziffern gefolgt von 开 kāi angegeben ⇨ 成 chéng	Verhältnis 4 zu 6 四六开 sì liù kāi In 8 von 10 Fällen hatte er Erfolg. 他的功过是二八开 tā de gōngguò shì èr bā kāi
	Buch- und Papierformat (MO[39])	Oktav(format), Octavo (8vo, 8°, 8MO) 八开 bā kāi 16MO 十六开 shíliù kāi

[39] *Das Format ergibt sich aus der Faltung eines Papierbogens einer Standardgröße. Wird der Bogen z.B. 3 mal gefaltet, erhält man 8 Blatt (16 Seiten) im Format 8°, besser bekannt als Oktavformat (ca. 22x15 cm). Im Englischen heißt 8MO Octavo, wobei vier Formate unterschieden werden: Foolscap octavo (6¾" by 4¼"), Crown octavo (7½" by 5"), Demy octavo (8¾" by 5⅝") und Royal octavo (10" by 6¼")*

棵 kē	*Gewächs*	
	ZW für Bäume ⇨ 株 zhū	1 Baum 一棵树 yī kē shù 1 Tanne 一棵冷杉 yī kē lěngshān 1 Trauerweide 一棵垂柳 yī kē chuíliǔ
	(Salat-)Kopf ⇨ 口 kǒu	1 Kopf Chinakohl 一棵大白菜 yī kē dàbáicài
颗 顆 kē	*Körnchen, Kügelchen*	
	ZW für Sterne ⇨ 轮 lún	1 Stern 一颗星 yī kē xīng 1 Atombombe 一颗原子弹 yī kē yuánzǐdàn
	Korn ⇨ 粒 lì	1 Reiskorn ⇨ 把 bǎ, 包 bāo, 袋 dài, 粒 lì, 捧 pěng, 桶 tǒng, 碗 wǎn 一颗米 yī kē mǐ 1 Getreidekorn 一颗谷粒 yī kē gǔlì 1 Samenkorn 一颗种子 yī kē zhǒngzi
	ZW für kleine kugelförmige Dinge ⇨ 滴 dī, 粒 lì	1 Knopf 一颗钮扣 yī kē niǔkòu 1 Kugel/Patrone ⇨ 发 fā 一颗子弹 yī kē zǐdàn 1 Perle 一颗珠子 yī kē zhūzi 1 Schweißperle ⇨ 滴 dī 一颗汗珠 yī kē hànzhū 1 Sojabohne ⇨ 埯 ǎn 一颗黄豆 yī kē huángdòu 1 Zahn 一颗牙齿 yī kē yáchǐ

<table>
<tr><td rowspan="2">课
課
kè</td><td colspan="2">Lektion; Vorlesung; Unterricht(sstunde); Fach; Sektion</td></tr>
<tr><td>Lektion
(beachte: 1 Unterrichtsstunde:
一节课 yī jié kè
一堂课 yī táng kè
1 Fach/Kursus:
一门课 yī mén kè)</td><td>die erste Lektion
第一课 dì-yī kè
Dieses Lehrbuch hat 25 Lektionen.
这本教科书共有二十五课
zhè běn jiàokēshū gòng yǒu èrshíwǔ kè</td></tr>
<tr><td rowspan="2">刻
kè</td><td colspan="2">schnitzen, gravieren, stechen; schneidend, scharf</td></tr>
<tr><td>Viertelstunde
⇨ "Uhrzeit" (S. 27)</td><td>Viertel nach drei (Uhr)
三点一刻 sān diǎn yī kè
Viertel vor sechs (Uhr)
六点差一刻 liù diǎn chà yī kè</td></tr>
<tr><td rowspan="2">客
kè</td><td colspan="2">Besucher, Gast; Kunde; Passagier</td></tr>
<tr><td>Portion, Gedeck
⇨ 餐 cān, 顿 dùn, 份 fèn</td><td>1 Portion Eiskrem
一客冰淇淋 yī kè bīngqílín
1 Portion Rührei
一客摊鸡蛋 yī kè tān jīdàn
1 Portion Spiegelei
一客煎鸡蛋 yī kè jiān jīdàn
1 Tagesmenü/Stammessen
一客客饭 yī kè kèfàn</td></tr>
<tr><td rowspan="3">孔
kǒng</td><td colspan="2">Loch, Öffnung; Höhlung, Höhle</td></tr>
<tr><td>ZW für Höhlen</td><td>1 Lößhöhle
一孔土窑 yī kǒng tǔyáo
1 (aus dem Löß geschachtete) Höhlenwohnung
一孔窑洞 yī kǒng yáodòng</td></tr>
<tr><td>Bogen</td><td>Brücke mit 5 Bögen ⇨ 座 zuò
五孔桥 wǔ kǒng qiáo</td></tr>
<tr><td rowspan="2">口
kǒu</td><td colspan="2">Mund, Maul; Öffnung, Eingang</td></tr>
<tr><td>ZW für Dinge mit (runder) Öffnung</td><td>1 (Schöpf-)Brunnen ⇨ 眼 yǎn
一口井 yī kǒu jǐng
1 Topf ⇨ 锅 guō
一口锅 yī kǒu guō</td></tr>
</table>

	Köpfe, Mäuler; -köpfig ⇨ 号 hào	eine 5-köpfige Familie 五口之家 wǔ kǒu zhī jiā 4 Leute 四口人 sì kǒu rén er hat 6 Mäuler zu stopfen 他得养活六口人 tā děi yǎnghuo liù kǒu rén 1 Sarg ⇨ 副 fù, 具 jù 一口棺材 yī kǒu guāncai
	Schluck, Bissen, Zug u.ä.	1 Atemzug ⇨ 股 gǔ 一口气 yī kǒu qì 1 Schluck Bier trinken ⇨ 瓶 píng, 听 tīng, 箱 xiāng, 扎 zhā 喝一口啤酒 hē yī kǒu píjiǔ 1 Schluck Schnaps nippen 抿一口酒 mǐn yī kǒu jiǔ 1 Bissen Torte abbeißen ⇨ 块 kuài 咬一口蛋糕 yǎo yī kǒu dàngāo dem Kind einen Kuss geben 亲一口孩子 qīn yī kǒu háizi Ich wurde von einer Mücke gestochen. 我被蚊子叮了一口 wǒ bèi wénzi dīng le yī kǒu
	ZW für Borstenvieh ⇨ 匹 pǐ, 条 tiáo, 头 tóu, 尾 wěi, 只 zhī	3 Schweine 三口猪 sān kǒu zhū
扣 kòu	*Verschluss, Knopf, Schnalle; etw zuknöpfen; etw abdecken*	
	Preisnachlass, Rabatt auf soundsoviel 10% ⇨ 成 chéng, 分 fēn, 度 dù, 折 zhé	10% Rabatt geben ("auf 90% deckeln") 打九扣 dǎ jiǔ kòu etw 20% billiger verkaufen 折八扣卖掉 zhé bā kòu màidiào

<table>
<tr><td rowspan="9">块
塊
kuài</td><td colspan="2">Stück, Klotz, Klumpen, Block, Barren</td></tr>
<tr><td>Stück, Kanten</td><td>1 Stück Seife ⇨ 条 tiáo
一块肥皂 yī kuài féizào
1 Kanten Brot ⇨ 角 jiǎo, 片 piàn
一块面包 yī kuài miànbāo
1 Stück Fleisch
一块肉 yī kuài ròu
1 Stück Torte/Kuchen ⇨ 口 kǒu
一块蛋糕 yī kuài dàngāo
1 Stück Schokolade ⇨ 条 tiáo
一块巧克力 yī kuài qiǎokèlì
1 Stück Stoff
一块布 yī kuài bù
1 Stück Kleiderstoff
一块衣料 yī kuài yīliào</td></tr>
<tr><td>Block
⇨ 锭 dìng, 盘 pán</td><td>1 Marmorblock
一块大理石 yī kuài dàlǐshí</td></tr>
<tr><td>Tafel
⇨ 板 bǎn, 条 tiáo</td><td>1 Tafel Glas ⇨ 片 piàn
一块玻璃 yī kuài bōli
1 (Schul-)Tafel
一块黑板 yī kuài hēibǎn</td></tr>
<tr><td>ZW für Felder
(agro, Feld-"Stück")
⇨ 片 piàn</td><td>1 Gemüsefeld
一块菜地 yī kuài càidì
1 Versuchsfeld/Testgelände
一块试验田 yī kuài shìyàntián</td></tr>
<tr><td>ZW für Armbanduhr</td><td>1 Armbanduhr ⇨ 钻 zuàn
一块手表 yī kuài shǒubiǎo</td></tr>
<tr><td>chin Währungseinheit:
mdl für Yuan
⇨ "Währung", S. 31</td><td>1 Stück (Geld) = 1 Yuan/RMB
一块(钱) = 1 元, yī kuài (qián) = 1 yuán</td></tr>
<tr><td>hist ZW für
(Silber-)Münzgeld
⇨ 枚 méi, 文 wén</td><td>1 Silberdollar
一块银洋 yī kuài yínyáng</td></tr>
</table>

款 kuǎn	*gastlich; gemächlich; bei j-m anklopfen*	
	Art, Typ, Stil ⇨ 番 fān, 号 hào, 路 lù, 码 mǎ, 样 yàng, 种 zhǒng	ein neuer Kleidungsstil ⇨ 件 jiàn 一款新装 yī kuǎn xīn zhuāng eine westliche/europäische Art Gebäck 一款西式糕点 yī kuǎn xīshì gāodiǎn
	jur Abschnitt, Absatz (eines Dokuments) ⇨ 段 duàn, 页 yè	Paragraph 4, Absatz 3, Punkt 2 第四条第三款第二项 dì-sì tiáo dì-sān kuǎn dì-èr xiàng
筐 kuāng	*Korb*	
	Korb (voll etw) ⇨ 挑 tiāo	1 Korb (voll) Obst 一筐水果 yī kuāng shuǐguǒ 1 Korb (voll) Erde ⇨ 把 bǎ 一筐土 yī kuāng tǔ
捆 綑 kǔn	*festbinden, zusammenbinden*	
	Ballen, Bund, Bündel (zusammengebunden) ⇨ 把 bǎ, 包 bāo, 串 chuàn, 簇 cù, 匹 pǐ, 束 shù, 扎 zā, 子 zǐ, 撮 zuǒ	1 Reisigbündel 一捆柴草 yī kǔn cháicǎo 1 Bündel alter Kleider 一捆旧衣服 yī kǔn jiù yīfu 1 Ballen Heu ⇨ 扎 zā 一捆干草 yī kǔn gāncǎo 1 Bund Lauch ⇨ 茎 jīng 一捆葱 yī kǔn cōng
来 來 lái	*kommen; ankommen*	
	hinter 10, 100, 1000, …: (vor anderem ZEW) ungefähr, etwa, rund, circa ⇨ 个 gè	ca. 30 三十来个 sānshí lái gè rund 10 Tage 十来天 shí lái tiān etwa 50 Jahre alt 五十来岁 wǔshí lái suì
	hinter Zahl + ME: ungefähr, etwa, rund, circa	ungefähr 2 Meter hoch 两米来高 liǎng mǐ lái gāo etwa 3 Pfund schwer 三斤来重 sān jīn lái zhòng

	hinter 1, 2, 3, ...: Punkt beim Gründe anführen ⇨ 点 diǎn, 条 tiáo, 项 xiàng, 则 zé	Zum einen ..., zum anderen ... . 一来 ..., 二来 ... 。 yī lái ..., èr lái ... . zum Dritten ... 三来 ... sān lái ... viertens ... 四来 ... sì lái ...
栏 欄 lán	*Geländer, Brüstung; Hürde*	
	(Druck-)Spalte, Kolumne ⇨ 列 liè	2-spaltig 两栏宽 liǎng lán kuān
厘 釐 lí	*Bruchteil; etw richten*	
	hist ME 1/3 Millimeter	⇨ "Historische Maßeinheiten", S. 141
	hist ME 1/20 Gramm	
	hist ME 6,667 m²	
	monatlicher Zinssatz: 0,1 % ⇨ 分 fēn	zu einem monatlichen Zins von 0,34% 月利率三厘四 yuèlìlǜ sān lí sì
	jährlicher Zinssatz: 1 % ⇨ 分 fēn	zu einem jährlichen Zins von 2,5 % 年利率二厘五 niánlìlǜ èr lí wǔ
	chin Währungseinheit: 1/10 Pfennig/Cent	⇨ "Währung", S. 31
	Vorsatz: Zenti-	1 Zentimeter, 1 厘米, 1 límǐ 1 Zentiliter, 1 厘升, 1 líshēng
粒 lì	*Korn, Körnchen; Kugel, Pille; Partikel*	
	Korn, Körnchen ⇨ 滴 dī, 颗 kē	1 Reiskorn ⇨ 把 bǎ, 包 bāo, 袋 dài, 颗 kē, 捧 pěng, 桶 tǒng, 碗 wǎn 一粒米 yī lì mǐ 1 Sandkorn 一粒沙子 yī lì shāzi
	Pille ⇨ 丸 wán	jeweils zwei Pillen einnehmen 每次服两粒 měi cì fú liǎng lì

	ZW für Kugelförmiges ⇨ 颗 kē	1 Kugel/Patrone ⇨ 发 fā 一粒子弹 yī lì zǐdàn 1 Perle 一粒珍珠 yī lì zhēnzhū
俩 倆 liǎ	*beide; zwei; einige, ein paar*	
	zwei, beide (zusammen)	2 (Stück für) 1 Yuan 一块钱俩 yī kuài qián liǎ 2 Schwestern ⇨ 仨 sā 姐妹俩 jiěmèi liǎ
	einige, wenige, ein paar	Nur so wenige Leute? 就这么俩人 jiù zhème liǎ rén Hör' nicht auf ihn, das braucht wenigstens noch ein paar Monate. 别听他的，至少还得等俩月呢。 Bié tīng tā de, zhìshǎo hái děi děng liǎ yuè ne.
辆 輛 liàng	*ZW für Fahrzeuge*	
	ZW für Fahrzeuge ⇨ 班 bān, 挂 guà, 列 liè, 台 tái, 趟 tàng	1 Auto ⇨ 部 bù 一辆汽车 yī liàng qìchē 1 Fahrrad 一辆自行车 yī liàng zìxíngchē 1 LKW 一辆卡车 yī liàng kǎchē 1 Panzer/Tank 一辆坦克 yī liàng tǎnkè 1 (Pferde-)Fuhrwerk/Kutsche ⇨ 挂 guà 一辆马车 yī liàng mǎchē 1 Taxi 一辆出租汽车 yī liàng chūzūqìchē

列 liè	*aufreihen, anordnen, einordnen, auflisten; Reihe; Sorte, Kategorie*	
	(lange) Reihe (von etw) ⇨ 队 duì, 行 háng, 路 lù, 排 pái, 趟 tàng	1 Ameisenstraße ⇨ 窝 wō, 只 zhī, 座 zuò 一列蚂蚁 yī liè mǎyǐ 1 Reihe Soldaten 一列士兵 yī liè shìbīng in Viererreihen marschieren 以四列前进 yǐ sì liè qiánjìn
	ZW für Aufgereihtes ⇨ 串 chuàn, 挂 guà	1 Eisenbahnzug ⇨ 班 bān, 次 cì, 节 jíe, 辆 liàng 一列火车 yī liè huǒchē 1 Güterzug 一列货车 yī liè huòchē
	comput Spalte ⇨ 栏 lán	diese Spalte Zahlen ⇨ 行 háng 这列数 zhè liè shù
令 lǐng	*Ries (beachte 令 lìng: Erlass, Befehl, Order)*	
	Papierzählmaß: Ries[40] (chin 500 Bogen) ⇨ 刀 dāo, 叠 dié	2 chin Ries sind 1000 Bogen Papier 两令是一千张纸 liǎng lǐng shì yīqiān zhāng zhǐ
领 領 lǐng	*Hals; Kragen, Ausschnitt; Hauptpunkt, Kernpunkt*	
	ZW für Umhänge und Gewänder (Robe, Talar) ⇨ 件 jiàn	1 taoistisches Gewand 一领道袍 yī lǐng dàopáo
	ZW für (Sitz-)Matten	1 (Sitz-)Matte 一领席 yī lǐng xí

[40] *dt ursprünglich 500 Bogen, nach Metrisierung 1000 Bogen; von arabisch "rizma"*

流 liú	*fließen, strömen; sich verbreiten*	
	ökon Klasse, Grad; -klassig ⇨ 等 děng, 度 dù, 段 duàn, 级 jí, 支 zhī	erstklassige Ware 第一流的产品 dì-yī liú de chǎnpǐn[41] erstklassiges (Kunst-)Werk 第一流作品 dì-yī liú zuòpǐn erstklassiger Autor 第一流作家 dì-yī liú zuòjiā zweitklassiger Sänger 第二流歌手 dì-èr liú gēshǒu drittklassiges Hotel 第三流旅馆 dì-sān liú lǚguǎn
绺 綹 liǔ	*Büschel, Strähne*	
	Strähne ⇨ 缕 lǚ	1 Haarsträhne ⇨ 撮 zuǒ 一绺头发 yī liǔ tóufa 1 Strähne Hanf 一绺麻 yī liǔ má
	Docke ⇨ 绞 jiǎo	1 Docke Seidenfäden 一绺丝线 yī liǔ sīxiàn
楼 樓 lóu	*Haus, Gebäude; Turm*	
	Etage (mit dem Zahlwort verschmolzen) ⇨ 层 céng	1. Etage (Erdgeschoss, Parterre) 一楼 yīlóu 2. Etage (1. Obergeschoss) 二楼 èrlóu 3. Etage (2. Obergeschoss) 三楼 sānlóu
搂 摟 lǒu	*j-n umarmen (beachte* 搂 lōu: *etw zusammentragen/-kratzen; (Geld) raffen)*	
	Klafter (hist Längenmaß: Spannweite der seitwärts gestreckten Arme) ⇨ 抱 bào, 围 wéi	Dieser Baum hat einen Umfang von 1 Klafter. 这棵树有一搂粗 zhè kē shù yǒu yī lǒu cū

[41] *einziges in den verwendeten Wörterbüchern gefundenes Beispiel mit* 的 de

炉 爐 lú	*Ofen; Herd; Kocher; Brenner*	
	Schmelzofen Beschickung, Charge	1 Beschickung Stahl 一炉钢 yī lú gāng
路 lù	*Weg, Straße; Strecke, Route; Mittel*	
	Linie, Route	Buslinie 1, Linienbus Nr. 1 ⇨ 班 bān, 趟 tàng 一路公共汽车 yī lù gōnggòng qìchē Vormarsch über 3 Routen 三路进军 sān lù jìnjūn
	Linie, Reihe ⇨ 队 duì, 行 háng, 列 liè, 排 pái, 趟 tàng	1 Reihe bilden 排成一路 páichéng yī lù Die Soldaten marschierten in 4er-Reihen. 士兵们按四路纵队前进 shìbīngmen àn sì lù zòngduì qiánjìn
	Typ, Sorte, Schlag ⇨ 番 fān, 号 hào, 款 kuǎn, 码 mǎ, 样 yàng, 种 zhǒng	dieser Menschenschlag 这路人 zhè lù rén
缕 縷 lǚ	*Strähne, Faden; detailliert*	
	Streifen, Fetzen, Strähne ⇨ 绺 liǔ, 片 piàn	1 Strähne langen Bartes ⇨ 撇 piě, 撮 zuǒ 一缕长髯 yī lǚ cháng rán 1 Fetzen Papier 一缕纸 yī lǚ zhǐ 1 Haarsträhne ⇨ 撮 zuǒ 一缕头发 yī lǚ tóufa 1 Strähne Hanf 一缕麻 yī lǚ má 1 Fetzen Rauch 一缕烟 yī lǚ yān 1 Wolkenstreifen ⇨ 朵 duǒ, 片 piàn, 团 tuán 一缕白云 yī lǚ báiyún

Zeichen	Bedeutung	Beispiele
轮 輪 lún	*Rad; Scheibe; Ring; Runde*	
	ZW für scheibenförmige Himmelskörper ⇨ 颗 kē	1 rote Sonne 一轮红日 yī lún hóng rì 1 heller Mond 一轮明月 yī lún míng yuè
	Runde, Zyklus ⇨ 合 hé, 盘 pán, 席 xí, 巡 xún, 遭 zāo, 周 zhōu	1 Gesprächsrunde ⇨ 席 xí 一轮会谈 yī lún huìtán 1 neuer Wachstumszyklus 新一轮增长 xīn yī lún zēngzhǎng Sie verloren das Hinspiel um den Fußballpokal. 他们输了足球杯第一轮比赛 tāmen shūle zúqiúbēi dì-yī lún bǐsài
	12-jähriger Zyklus (der chin Sternzeichen ⇨ S. 29)	Er ist zwölf Jahre älter als ich. 他比我大一轮 tā bǐ wǒ dà yī lún
	Rad, -rädrig	motorisiertes Dreirad 三轮摩托 sān lún mótuō
罗 羅 luó	*Vogelnetz; Tüll; Sieb; j-n (um sich) sammeln; etw ausbreiten*	
	Gros (12 Dutzend)	1 Gros Bleistifte 一罗铅笔 yī luó qiānbǐ
摞 luò	*etw aufstapeln*	
	Stapel, Stoß ⇨ 沓 dá, 批 pī	1 Stoß Bücher ⇨ 包 bāo, 批 pī 一摞书 yī luò shū 1 Stapel Holz ⇨ 方 fāng 一摞木头 yī luò mùtou 1 Stapel Schüsseln 一摞碗 yī luò wǎn 1 Stapel Ziegel 一摞砖 yī luò zhuān

<table>
<tr><td rowspan="3">码
碼
mă</td><td colspan="2">Zahlenangabe, Größenangabe; Kode; etw stapeln</td></tr>
<tr><td>etw von einer Sorte
⇨ 番 fān, 号 hào, 款 kuăn, 路 lù, 样 yàng, 种 zhŏng</td><td>ein und dasselbe ("Jacke wie Hose")
一码事 yī mă shì
verschiedene Dinge, zweierlei ("Zwei Paar Schuhe")
两码事 liăng mă shì</td></tr>
<tr><td>ME brit Yard</td><td>⇨ "Angelsächsische Maßeinheiten", S. 145</td></tr>
<tr><td rowspan="2">毛
máo</td><td colspan="2">Haar; Federn; Flaum; Wolle</td></tr>
<tr><td>chin Währungseinheit: (mdl für) Groschen</td><td>⇨ "Währung", S. 31</td></tr>
<tr><td rowspan="3">枚
méi</td><td colspan="2">ZW für kleine Gegenstände und Geschosse</td></tr>
<tr><td>ZW für kleine Gegenstände (insbesondere Münzen, Abzeichen, Briefmarken)
⇨ 道 dào, 管 guăn, 块 kuài, 苗 miáo, 条 tiáo, 文 wén, 支 zhī, 枝 zhī</td><td>1 Briefmarke
一枚邮票 yī méi yóupiào
1 Medaille/Orden
一枚奖章 yī méi jiăngzhāng
1 Münze ⇨ 块 kuài, 文 wén
一枚硬币 yī méi yìngbì
1 Schachfigur
一枚棋子 yī méi qízĭ
1 Schulabzeichen
一枚校徽 yī méi xiàohuī</td></tr>
<tr><td>ZW für Geschosse
⇨ 发 fā</td><td>1 Bombe
一枚炸弹 yī méi zhàdàn
1 Handgranate
一枚手榴弹 yī méi shŏuliúdàn
1 Lenkrakete
一枚导弹 yī méi dăodàn</td></tr>
<tr><td rowspan="2">门
門
mén</td><td colspan="2">Tür, Tor, Klappe; Glaubensrichtung, Schule; Klasse, Sorte, Kategorie</td></tr>
<tr><td>ZW für Studienobjekte und -fächer</td><td>1 Fremdsprache
一门外语 yī mén wàiyŭ
1 Fach/Kursus ⇨ 节 jié, 课 kè, 堂 táng
一门课 yī mén kè</td></tr>
</table>

		1 Pflichtfach 一门必修课 yī mén bìxiūkè 1 Studienobjekt 一门学问 yī mén xuéwen 1 Technologie 一门科技 yī mén kējì 2 Fähigkeiten/Fertigkeiten 两门技术 liǎng mén jìshù 3 Fächer wählen 选三门课 xuǎn sān mén kè
	ZW für Heirat und Verwandtschaft	1 Heirat 一门亲事 yī mén qīnshì diese (angeheiratete) Verwandtschaft 这门亲戚 zhè mén qīnqi
	ZW für (Artillerie-) Geschütze	1 Kanone ⇨ 尊 zūn 一门大炮 yī mén dàpào
	Telefonverbindung, Leitung	programmierbare Telefonvermittlungsanlage für 10000 Leitungen 万门程控电话交换机 wàn mén chéngkòng diànhuà jiāohuànjī
面 miàn	*Oberfläche; Seite, Aspekt; Gesicht, Miene; Ausmaß, Umfang*	
	ZW für Flächiges ⇨ 张 zhāng	1 Fahne/Flagge 一面旗帜 yī miàn qízhì 1 Spiegel 一面镜子 yī miàn jìngzi 1 Trommel 一面鼓 yī miàn gǔ
	-mal (gesehen) ⇨ 把 bǎ, 倍 bèi, 遍 biàn, 次 cì, 度 dù, 番 fān, 回 huí, 和 huò, 期 qī, 任 rèn, 趟 tàng, 通 tòng, 下 xià, 遭 zāo	(j-n) 2 mal gesehen haben 见过两面 jiàn guo liǎng miàn

Zeichen	Bedeutung	Beispiel
苗 miáo	*Schössling, Schoss; Brut; Impfstoff*	
	ZW für Lanzettförmiges ⇨ 道 dào, 根 gēn, 管 guǎn, 条 tiáo, 支 zhī, 枝 zhī	1 Klivie ⇨ 朵 duǒ 一苗君子兰 yī miáo jūnzǐlán
名 míng	*Name, Bezeichnung; Ruf, Ruhm*	
	ZW für Personen (mit Anrede) ⇨ 房 fáng, 个 gè, 条 tiáo, 位 wèi	1 Delegierter 一名代表 yī míng dàibiǎo 1 Professor 一名教授 yī míng jiàoshòu 1 Soldat 一名战士 yī míng zhànshì 1 Turner 一名体操运动员 yī míng tǐcāo yùndòngyuán
	Platz (in einer Rangfolge) ⇨ 段 duàn	der 1. Platz 第一名 dì-yī míng
抹 mǒ	*etw (auf etw) aufstreichen, auftragen; etw (weg)wischen* *(beachte 抹 mā: etw abwischen; 抹 mò: etw aufstreichen, verputzen)*	
	(Licht-)Strahl	1 Strahl der untergehenden Sonne 一抹斜阳 yī mǒ xiéyáng ⇨ 道 dào 1 Strahl Mondlicht ⇨ 片 piàn 一抹月光 yī mǒ yuèguāng
幕 mù	*Zelt; (Theater-)Vorhang*	
	Theater Akt, Aufzug ⇨ 场 chǎng, 景 jǐng	1 Komödie in 5 Akten 一部五幕喜剧 yī bù wǔ mù xǐjù 2. Akt, 1. Szene 第二幕第一场 dì-èr mù dì-yī chǎng
捺 nà	*etw andrücken; etw unterdrücken*	
	nach rechts unten verlaufender Strich in Schriftzeichen (auch 磔 zhé genannt) ⇨ 笔 bǐ, 点 diǎn, 横 héng, 画 huà, 撇 piě, 竖 shù, 提 tí	Das Schriftzeichen "人" besteht aus einem nach links unten und einem nach rechts unten verlaufenden Strich. 人字的写法是一撇一捺 rén zì de xiěfǎ shì yī piě yī nà

<table>
<tr><td rowspan="3">年
nián</td><td colspan="2">Jahr; Alter; jährlich</td></tr>
<tr><td>Jahr
⇨ 茬 chá, 届 jiè, 岁 suì, 载 zǎi</td><td>3 Jahre
三年 sān nián
3 bis 5 Jahre
三年五载 sān nián wǔ zǎi
Welches Jahr?
哪年 nǎ nián
Wieviele Jahre?
几年 jǐ nián</td></tr>
<tr><td>Jahr im Datum</td><td>⇨ "Datum", S. 26</td></tr>
<tr><td rowspan="3">排
pái</td><td colspan="2">Reihe, Zeile (beachte 排 pǎi: 排子车 pǎizichē flacher Handkarren)</td></tr>
<tr><td>Reihe, Zeile, Schlange
⇨ 队 duì, 行 háng, 句 jù, 列 liè, 路 lù, 趟 tàng</td><td>1 Reihe Bäume
一排树 yī pái shù
1 Stuhlreihe
一排椅子 yī pái yǐzi
1 Häuserzeile
一排房屋 yī pái fángwū
in einer Reihe stehen
站成一排 zhàn chéng yī pái
eine lange Menschenschlange
长长一排人 chángchang yī pái rén</td></tr>
<tr><td>milit Zug</td><td>Er ist Soldat im 3. Zug.
他是三排的战士
tā shì sān pái de zhànshì</td></tr>
<tr><td rowspan="3">派
pài</td><td colspan="2">Gruppierung, Richtung, Schule, Fraktion (beachte 派 pā: 派司 pāsi Pass)</td></tr>
<tr><td>Richtung
⇨ 条 tiáo</td><td>Sprachwissenschaftler dreier Richtungen ⇨ 位 wèi
三派语言学家 sān pài yǔyánxuéjiā</td></tr>
<tr><td>ZW für Atmosphäre, Szenerie u.ä.
⇨ 片 piàn</td><td>was für eine prachtvolle Nordlandschaft
好一派北国风光
hǎo yī pài běiguó fēngguāng</td></tr>
</table>

		Geschwätz, lauter Unsinn 一派胡言 yī pài húyán
爿 pán	*Holzscheit, gespaltener Bambus*	
	ZW für (Geschäfts-) Filialen ⇨ 家 jiā	1 Obstladen 一爿水果店 yī pán shuǐguǒdiàn 1 Fabrik 一爿厂 yī pán chǎng
	ZW für Landstücke ⇨ 片 piàn	1 Grundstück 一爿地 yī pán dì
盘 盤 pán	*Teller, Tablett, Platte; sich winden, sich ringeln; etw überprüfen*	
	ZW für Spiralförmiges ⇨ 本 běn, 卷 juǎn, 轴 zhóu	1 (Anti-)Mückenspirale 一盘蚊香 yī pán wénxiāng 1 Weihrauchspirale 一盘香 yī pán xiāng
	ZW für Aufgewickeltes, Rolle ⇨ 本 běn, 卷 juǎn, 遭 zāo, 轴 zhóu	1 Rolle Eisendraht ⇨ 根 gēn, 卷 juǎn 一盘铁丝 yī pán tiěsī 1 Kabelrolle 一盘电线 yī pán diànxiàn 1 Filmrolle 一盘电影片 yī pán diànyǐngpiān 1 Magnettonband 一盘磁带 yī pán cídài
	ZW für (runde) Platten ⇨ 块 kuài	1 Mühlstein 一盘磨 yī pán mò
	Teller	3 Teller Essen, 3 Gerichte ⇨ 样 yàng 三盘菜 sān pán cài
	Runde, Satz, Partie ⇨ 合 hé, 局 jú, 轮 lún, 席 xí, 巡 xún, 遭 zāo, 周 zhōu	1 Partie Schach 一盘棋 yī pán qí den 3. Satz mit 8 zu 6 gewonnen haben 以八比六赢了第三盘 yǐ bā bǐ liù yíngle dì-sān pán

<table>
<tr><td rowspan="2">泡
pāo</td><td colspan="2">locker, porös; schwammig, aufgedunsen
(beachte 泡 pào: (Schaum-)Blase; etw einweichen)</td></tr>
<tr><td>ZW für Fäkalien</td><td>einmal pinkeln
撒一泡尿 sā yī pāo niào
einmal scheißen ⇨ 坨 tuó
拉一泡屎 lā yī pāo shǐ</td></tr>
<tr><td rowspan="2">盆
pén</td><td colspan="2">Becken, Wanne, Topf</td></tr>
<tr><td>Becken, Wanne, Topf
⇨ 锅 guō</td><td>1 Topf Blumen
一盆花 yī pén huā
(beachte: 1 Topfblume: 一朵盆花 yī duǒ pénhuā)
1 Becken Wasser
一盆水 yī pén shuǐ</td></tr>
<tr><td rowspan="2">喷
噴
pèn</td><td colspan="2">gerade reif; günstig auf dem Markt zu haben; Saison für etw
(beachte 喷 pēn: etw versprühen, verspritzen; schnauben)</td></tr>
<tr><td>Ernte
⇨ 茬 chá</td><td>die 1. Baumwollernte
头喷棉花 tóu pèn miánhuā
die 2. Baumwollernte
二喷棉花 èr pèn miánhuā</td></tr>
<tr><td rowspan="2">蓬
péng</td><td colspan="2">zerzaust, struppig; locker; lockig</td></tr>
<tr><td>Busch, Büschel
(größer als 簇 cù, hauptsächlich für üppige Pflanzen)
⇨ 把 bǎ, 包 bāo, 簇 cù, 墩 dūn, 捆 kǔn, 束 shù, 撮 zuǒ</td><td>1 Bambusbusch ⇨ 簇 cù
一蓬竹子 yī péng zhúzi
1 Büschel Wildblumen
一蓬野花 yī péng yěhuā</td></tr>
<tr><td rowspan="2">捧
pěng</td><td colspan="2">etw (mit beiden Händen) halten/tragen; lobpreisen, schmeicheln</td></tr>
<tr><td>(doppelte[42]) Handvoll (zwei Hände zusammengelegt)
⇨ 把 bǎ, 撮 cuō</td><td>1 (doppelte) Handvoll Datteln
一捧枣子 yī pěng zǎozi
2 (doppelte) Handvoll Reis ⇨ 把 bǎ, 包 bāo, 袋 dài, 颗 kē, 粒 lì, 桶 tǒng, 碗 wǎn
两捧米 liǎng pěng mǐ</td></tr>
</table>

[42] *Im Deutschen wird sprachlich normalerweise kein Unterschied zwischen einer einfachen Handvoll (z.B. "eine Handvoll Reis essen") und einer doppelten Handvoll (z.B. "sich eine Handvoll Wasser ins Gesicht werfen") gemacht.*

批 pī	*eine Notiz schreiben; j-n kritisieren; j-n (mit der Hand) schlagen*	
	ZW für Sammlungen	1 Büchersammlung/private Bibliothek ⇨ 包 bāo, 摞 luò 一批藏书 yī pī cángshū
	Menge, Gruppe, Anzahl, Stoß (hauptsächlich für Dinge und Tiere) ⇨ 班 bān, 帮 bāng, 拨 bō, 茬 chá, 撮 cuō, 队 duì, 股 gǔ, 伙 huǒ, 起 qǐ, 群 qún, 组 zǔ	1 Stoß Briefe ⇨沓 dá, 摞 luò, 扎 zā 一批信件 yī pī xìnjiàn eine neue Lieferung Waren ⇨ 票 piào 新道的一批货物 xīn dào de yī pī huòwù eine Formation Flugzeuge nach der anderen einsetzen 出动多批飞机 chūdòng duō pī fēijī nach 2 Gruppen gestaffelt gehen 分两批走 fēn liǎng pī zǒu eine Anzahl neuer Rekruten ⇨ 茬 chá 一批新兵 yī pī xīn bīng 1 Gruppe/Stoß Besucher 一批客人 yī pī kèrén 1 Rudel Wölfe ⇨ 群 qún 一批狼 yī pī láng
匹 pǐ	*einzeln, allein; ebenbürtig sein*	
	ZW für (Pferde-)Vieh ⇨ 口 kǒu, 条 tiáo, 头 tóu, 尾 wěi, 只 zhī	1 Pferd 一匹马 yī pǐ mǎ 1 Maultier ⇗ 头 tóu 一匹骡 yī pǐ luó 1 Esel ⇗ 头 tóu 一匹驴 yī pǐ lǘ
	(Stoff-)Ballen ⇨ 包 bāo, 捆 kǔn	1 Ballen Seide 一匹绸子 yī pǐ chóuzi 1 Ballen Tuch 一匹布 yī pǐ bù
	hist ME: 13,333 Meter	⇨ "Historische Maßeinheiten", S. 141

<table>
<tr><td rowspan="3">篇
piān</td><td colspan="2">Aufsatz, Schrift; beschriebenes oder bedrucktes Papier</td></tr>
<tr><td>ZW für kurze Texte
⇨ 则 zé</td><td>1 Aufsatz/Essay
一篇作文 yī piān zuòwén
2 Artikel/Beiträge
两篇文章 liǎng piān wénzhāng
1 Leitartikel
一篇社论 yī piān shèlùn
1 Meisterwerk
一篇杰作 yī piān jiézuò</td></tr>
<tr><td>(beschriebener/bedruckter Papier-) Bogen, Seite
⇨ 页 yè, 张 zhāng</td><td>1 Bogen Papier
一篇纸 yī piān zhǐ
In diesem Buch fehlt eine Seite.
这本书缺了一篇儿
zhè běn shū quē le yī piānr</td></tr>
<tr><td rowspan="2">片
piàn</td><td colspan="2">Scheibe, Platte; flaches Stück; Lamelle; Flocke
(beachte 片 piān: Film, Filmrolle; Schallplatte)</td></tr>
<tr><td>Scheibe, Blatt, Flocke
⇨ 瓣 bàn</td><td>1 Scheibe Brot ⇨ 角 jiǎo, 块 kuài
一片面包 yī piàn miànbāo
1 Glasscheibe ⇨ 块 kuài
一片玻璃 yī piàn bōli
1 Schlaftablette
一片安眠药 yī piàn ānmiányào
1 Soda-Tablette
一片苏打片 yī piàn sūdápiàn
1 Laubblatt
一片叶子 yī piàn yèzi
1 Schneeflocke
一片雪花 yī piàn xuěhuā
1 weiße Wolke ⇨ 朵 duǒ, 缕 lǚ, 团 tuán
一片白云 yī piàn báiyún</td></tr>
</table>

片 piàn

	agro ZW für Felder ⇨ 块 kuài	1 Weizenfeld 一片麦田 yī piàn màitián 1 Roggenfeld 一片黑麦田 yī piàn hēimàitián
	Feld, Streifen, Bank ⇨ 缕 lǚ, 爿 pán	1 Streifen Grasland 一片草地 yī piàn cǎodì 1 Schneefeld 一片雪地 yī piàn xuědì 1 Trümmerfeld 一片废墟 yī piàn fèixū 1 Landstrich 一片土地 yī piàn tǔdì 1 endloses Gewässer 一片汪洋 yī piàn wāngyáng 1 Nebelbank 一片雾 yī piàn wù
	ZW für Stimmungen, Atmosphäre ("die Szene beeinflussendes") ⇨ 派 pài	eine freudige Atmosphäre 一片欢腾 yī piàn huānténg in aller Offenheit 一片真心 yī piàn zhēnxīn ein Lichterglanz 一片灯光 yī piàn dēngguāng ein Getrappel von Schritten 一片脚步声 yī piàn jiǎobùshēng
	Welle, Flut ⇨ 阵 zhèn	eine Flut von Mondlicht ⇨ 抹 mǒ 一片月光 yī piàn yuèguāng eine Welle Gelächters 一片笑声 yī piàn xiàoshēng ein Aufschrei des Protests 一片抗议声 yī piàn kàngyìshēng

票 piào	*Ticket, (Fahr-)Karte, (Geld-)Schein; Laienspiel; Geisel*	
	ZW für Geschäfte und Transaktionen ⇨ 桩 zhuāng	1 Geschäft(sabschluß) 一票生意 yī piào shēngyi 1 Handel/Deal 一票买卖 yī piào mǎimai
	Lieferung	1 Warenlieferung ⇨ 批 pī 一票货 yī piào huò
撇 piě	*(mit) etw werfen (beachte* 撇 *piē: etw abschöpfen; etw beiseite lassen)*	
	ZW für Dinge in Form geschwungener Bögen ⇨ 张 zhāng	1 Augenbraue 一撇眉毛 yī piě méimao Musik zweigestrichen 划两撇 huà liǎng piě Er trägt einen Bart aus 2 kleinen Bögen. ⇨ 缕 lǚ, 撮 zuǒ 他留着两撇小胡子 tā liúzhe liǎng piě xiǎo húzi Sie verzog ihren Mund und fing an zu weinen. 她嘴一撇就哭起来了 tā zuǐ yī piě jiù kū qǐlaí le
	nach schräg links unten verlaufender Strich in Schriftzeichen “ 丿 ” ⇨ 笔 bǐ, 点 diǎn, 横 héng, 画 huà, 捺 nà, 竖 shù, 提 tí	Das Schriftzeichen "牛" besteht aus einem nach schräg links unten verlaufenden Strich, zwei Querstrichen und einem senkrechten Strich. 牛字的写法是一撇两横一竖 niú zì de xiěfǎ shì yī piě liǎng héng yī shù
瓶 píng	*Flasche; (großes) Glas; Vase*	
	Flasche	1 Flasche Milch 一瓶牛奶 yī píng niúnǎi 1 Flasche Bier ⇨ 口 kǒu, 听 tīng, 箱 xiāng, 扎 zhā 一瓶啤酒 yī píng píjiǔ

<table>
<tr><td></td><td>(Vorrats-)Glas
⇨ 杯 bēi, 罐 guàn</td><td>1 Glas Honig
一瓶蜂蜜 yī píng fēngmì
1 Glas Marmelade
一瓶果酱 yī píng guǒjiàng</td></tr>
<tr><td rowspan="5">期
qī</td><td colspan="2">Zeitraum, Phase, Periode, Epoche; Frist, Zeitpunkt
(beachte 期 jī: Jahrestag, Anniversarium)</td></tr>
<tr><td>Ausgabe, Nummer
⇨ 版 bǎn, 册 cè, 份 fèn, 号 hào</td><td>die neueste Ausgabe
最新一期 zuì xīn yī qī
die jüngste Ausgabe des Wochenmagazins "Spiegel"
最近一期《明镜》周刊
zuìjìn yī qī "Míngjìng" zhōukān</td></tr>
<tr><td>Phase</td><td>die 1. Phase eines Projekts
第一期工程 dì-yī qī gōngchéng</td></tr>
<tr><td>Rate</td><td>eine Rate bezahlen
付一期款 fù yī qī kuǎn</td></tr>
<tr><td>-mal
⇨ 把 bǎ, 倍 bèi, 遍 biàn, 次 cì, 度 dù, 番 fān, 回 huí, 和 huò, 面 miàn, 任 rèn, 趟 tàng, 通 tòng, 下 xià, 遭 zāo</td><td>Der Kurzlehrgang wurde dreimal abgehalten.
短训班办三期 duǎnxùnbān bàn sān qī</td></tr>
<tr><td rowspan="3">起
qǐ</td><td colspan="2">auf(wärts), hoch; sich bilden, wachsen, entstehen</td></tr>
<tr><td>Fall (von etw)
⇨ 格 gé, 桩 zhuāng</td><td>3 Fälle von Feueralarm
三起火警 sān qǐ huǒjǐng
2 Fälle von Gehirnentzündung
两起大脑炎 liǎng qǐ dànǎoyán
1 Mordfall
一起谋杀 yī qǐ móushā</td></tr>
<tr><td>Gruppe
⇨ 班 bān, 帮 bāng, 拨 bō, 茬 chá, 撮 cuō, 队 duì, 股 gǔ, 伙 huǒ, 批 pī, 群 qún, 组 zǔ</td><td>1 Gruppe Besucher ⇨ 拨 bō
一起来访者 yī qǐ láifǎngzhě
in 2 Gruppen aufbrechen
分两起出发 fēn liǎng qǐ chūfā</td></tr>
</table>

锹 鍬 qiāo	*Schaufel, Schippe*	
	Schaufel, Schippe (voll) (beachte: 1 Schaufel: 一柄铁锹 yī bǐng tiěqiāo)	1 Schaufel Kohle 一锹煤 yī qiāo méi 1 Schippe Sand ⇨ 方 fāng 一锹沙子 yī qiāo shāzi
强 qiáng	*etw verstärken; besser, verbessert; gewaltsam* *(beachte* 强 jiàng: *eigensinnig, störrisch;* 强 qiǎng: *sich anstrengen, bemühen)*	
	über, mehr als ⇨ 多 duō, 弱 ruò, 余 yú	mehr als drei Viertel 四分之三强 sì fēn zhī sān qiáng
阕 闋 què	*Ausklang, Ende*	
	ZW für Lieder und Gedichte (der Ci-Form, aus der Zeit der Song-Dynastie) ⇨ 首 shǒu, 支 zhī	1 Ci-Gedicht 一阕词 yī què cí 1 Ci-Lied 一阕歌 yī què gē
群 qún	*Menge, Gruppe; in Scharen, haufenweise*	
	Schar, Menge, Bande ⇨ 班 bān, 帮 bāng, 拨 bō, 茬 chá, 撮 cuō, 队 duì, 股 gǔ, 伙 huǒ, 批 pī, 起 qǐ, 组 zǔ	1 Schar Gänse 一群鹅 yī qún é 1 Kinderschar 一群孩子 yī qún háizi 1 Menschenmenge 一群人 yī qún rén 1 Menschenmasse 一大群人 yī dà qún rén 1 Räuberschar 一群强盗 yī qún qiángdào 1 Gangsterbande 一群匪徒 yī qún fěitú
	Herde	1 Schafsherde 一群羊 yī qún yáng 1 Rinderherde 一群牛 yī qún niú

	Horde	1 Elefantenhorde 一群象 yī qún xiàng 1 Pferdehorde ⇨ 匹 pǐ 一群马 yī qún mǎ
	Rotte	1 Wildschweinrotte 一群野猪 yī qún yězhū
	Rudel	1 Hirschrudel 一群鹿 yī qún lù 1 Rudel Jagdhunde 一群猎狗 yī qún liègǒu 1 Wolfsrudel ⇨ 批 pī 一群狼 yī qún láng
	Schwarm, Wolke	1 Bienenschwarm 一群蜜蜂 yī qún mìfēng 1 Fliegenschwarm 一群苍蝇 yī qún cāngying 1 Heuschreckenschwarm 一群蝗虫 yī qún huángchóng 1 Mückenschwarm 一群蚊子 yī qún wénzi 1 Möwenschwarm 一群海鸥 yī qún hǎi'ōu 1 Taubenschwarm 一群鸽子 yī qún gēzi 1 Touristenschwarm 一群游客 yī qún yóukè
任 rèn	*Amt, Posten; j-n mit einem Amt betrauen; etw ausüben* *(beachte* 任 rén: Famlienname *Ren)*	
	-mal (für Wahlfunktionen und Ämter) ⇨ 把 bǎ, 倍 bèi, 遍 biàn, 次 cì, 度 dù, 番 fān, 回 huí, 和 huò, 面 miàn, 期 qī, 趟 tàng, 通 tòng, 下 xià, 遭 zāo	Er war zweimal Botschafter. 他当过两任大使 tā dāngguò liǎng rèn dàshǐ die 2. (Ehe-)Frau ⇨ 房 fáng 第二任妻子 dì-èr rèn qīzi

<table>
<tr><td rowspan="3">日
rì</td><td colspan="2">Sonne</td></tr>
<tr><td>Tag
⇨ 号 hào, 天 tiān</td><td>3 Tage
三日 sān rì</td></tr>
<tr><td>Tag im Datum</td><td>⇨ "Datum", S. 26</td></tr>
<tr><td rowspan="2">弱
ruò</td><td colspan="2">schwach, schwächlich; minderwertig; jung, klein; verscheiden</td></tr>
<tr><td>etwas weniger als
⇨ 多 duō, 强 qiáng, 余 yú</td><td>etwas weniger als drei Viertel
四分之三弱 sì fēn zhī sān ruò</td></tr>
<tr><td rowspan="2">仨
sā</td><td colspan="2">drei, dreie</td></tr>
<tr><td>drei, dreie
(wird ohne ZEW gebraucht)</td><td>3 Dampfbrötchen
仨馒头 sā mántou
3 Schwestern ⇨ 俩 liǎ
姐儿仨 jiěr sā
Gib mir dreie!
给我仨 gěi wǒ sā
in Dreier- und Zweiergruppen
仨一堆俩一伙 sā yī duī liǎ yī huǒ</td></tr>
<tr><td rowspan="2">色
sè</td><td colspan="2">farbig; Anblick; Art, Sorte, Qualität (beachte 色 shǎi: Farbe; (Spiel-)Würfel)</td></tr>
<tr><td>(insb druckw) -farbig
(mit dem Zahlwort verschmolzen)</td><td>einfarbig
一色 yīsè
zweifarbig
两色 liǎngsè
dreifarbig
三色 sānsè
farbenprächtig, bunt
五颜六色 wǔyán-liùsè</td></tr>
<tr><td rowspan="2">扇
shàn</td><td colspan="2">Fächer; Flügel (beachte 扇 shān: wedeln, fächeln; schüren, aufheizen)</td></tr>
<tr><td>(Fenster-)Flügel</td><td>1 Türflügel
一扇门 yī shàn mén
Dieses Fenster geht zum Garten.
这扇窗朝着花园
zhè shàn chuāng cháozhe huāyuán</td></tr>
</table>

	Fächer	Spanische Wand mit 8 Stellwänden (4 "Fächer") 四扇屏风 sì shàn píngfēng
勺 sháo	*Löffel; Schöpfkelle*	
	Löffel (voll etw, ca. 1 Zentiliter)	1 Löffel Salz ⇨ 撮 cuō 一勺盐 yī sháo yán
身 shēn	*Körper; Rumpf; Charakter; selbst, persönlich*	
	(Kleider-)Garnitur ⇨ 堂 táng, 套 tào, 袭 xí	1 neue Garderobe 一身新衣服 yī shēn xīn yīfu 1 neue Garnitur Anziehsachen 一身新衣裳 yī shēn xīn yīshang
声 聲 shēng	*Geräusch, Laut, Ton, Schall; j-s Ruf, Ansehen*	
	ZW für Geräusche	einen Schuss hören 听到一声枪响 tīngdào yī shēng qiāng xiǎng
	Rufe	Ich rief dreimal nach ihm. 我喊了她三声 wǒ hǎn le tā sān shēng laut rufen 大喝一声 dà hē yī shēng
	(Aussprache-)Ton	Mandarin hat 4 Töne. 汉语有四声 hànyǔ yǒu sì shēng
手 shǒu	*Hand*	
	ZW für talentiert oder professionell Hergestelltes	etw wirklich können / sein Handwerk verstehen 有两手 yǒu liǎng shǒu gut in der Speisenzubereitung sein 烧得一手好菜 shāo de yī shǒu hǎo cài eine schöne Handschrift haben ⇨ 笔 bǐ 写一手好字 xiě yī shǒu hǎo zì

	(x-te) Hand	Daten/Material aus erster Hand 一手资料 yī shǒu zīliào Waren aus zweiter Hand 二手货 èr shǒu huò
	kleinste handelbare Einheit (Aktien), Paket	1 Aktienpaket ⇨ 股 gǔ 一手股票 yī shǒu gǔpiào
首 shǒu	*Haupt, Kopf*	
	hochchinesisches ZW für Lieder und Gedichte ⇨ 阕 què, 支 zhī	1 Lied 一首歌 yī shǒu gē 1 Kinderlied 一首儿歌 yī shǒu érgē 1 Gedicht 一首诗 yī shǒu shī 1 lyrisches Gedicht 一首抒情诗 yī shǒu shūqíngshī 1 Musikstück/Komposition 一首乐曲 yī shǒu yuèqǔ "300 Gedichte aus der Tang-Dynastie" 《唐诗三百首》 "táng shī sānbǎi shǒu"
束 shù	*binden, schnüren*	
	Bündel ⇨ 把 bǎ, 包 bāo, 簇 cù, 捆 kǔn, 扎 zā, 撮 zuǒ	1 Bündel Pfeile ⇨ 支 zhī 一束箭 yī shù jiàn
	Garbe	1 Garbe Reisstroh 一束稻草 yī shù dàocǎo
	Strauß ⇨ 把 bǎ, 簇 cù	1 Strauß Schnittblumen 一束鲜花 yī shù xiānhuā 1 Strauß Rosen 一束玫瑰 yī shù méigui 1 Strauß Tulpen 一束郁金香 yī shù yùjīnxiāng

<table>
<tr><td rowspan="2">竖
豎
shù</td><td colspan="2">senkrecht, vertikal; etw (aufrecht) stellen; Jüngling</td></tr>
<tr><td>senkrechter Schreibstrich
“ | ”
⇨ 笔 bǐ, 点 diǎn, 横 héng, 画 huà, 捺 nà, 撇 piě, 提 tí</td><td>Das Schriftzeichen "工" besteht aus zwei Querstrichen und einem senkrechten Strich.
工字的写法是两横一竖
gōng zì de xiěfǎ shì liǎng héng yī shù</td></tr>
<tr><td rowspan="2">双
雙
shuāng</td><td colspan="2">zwei, beide; doppelt; gerade (Zahl)</td></tr>
<tr><td>Paar
(zusammengehöriger Dinge)
⇨ 对 duì, 副 fù, 只 zhī</td><td>1 Paar Augen
一双眼睛 yī shuāng yǎnjing
1 Paar Essstäbchen
一双筷子 yī shuāng kuàizi
1 Paar Hände
一双手 yī shuāng shǒu
1 Paar Handschuhe
一双手套 yī shuāng shǒutào
1 Paar Schuhe
一双皮鞋 yī shuāng píxié
1 Paar Strümpfe/Socken
一双袜子 yī shuāng wàzi</td></tr>
<tr><td rowspan="3">丝
絲
sī</td><td colspan="2">seiden; Seide; Draht; Faden</td></tr>
<tr><td>Hauch, Spur, Schimmer, ein bisschen
⇨ 撮 cuō, 点 diǎn, 股 gǔ, 线 xiàn, 些 xiē</td><td>ein Lichtschimmer
一丝光线 yī sī guāngxiàn
aufs Haar genau
一丝不差 yī sī bù chā
Kein Lüftchen regte sich.
一丝风也没有 yī sī fēng yě méiyǒu
Auf ihrem Gesicht zeigte sich nicht der Anflug eines Lächelns.
她脸上没有一丝笑容
tā liǎn shàng méiyǒu yī sī xiàoróng</td></tr>
<tr><td>hist ME: 0,5 Milligramm</td><td>⇨ "Historische Maßeinheiten", S. 141</td></tr>
</table>

艘 sōu	*ZW für Schiffe*	
	ZW für Schiffe ⇨ 只 zhī	1 Schiff ⇨ 条 tiáo 一艘船 yī sōu chuán 1 Tanker 一艘油船 yī sōu yóuchuán 1 U-Boot 一艘潜水艇 yī sōu qiánshuǐtǐng
岁 歳 suì	*Alter; Jahr; (Jahres-)Ernte*	
	(Lebens-)Jahr, Alter ⇨ 茬 chá, 届 jiè, 年 nián, 旬 xún, 载 zǎi, 秩 zhì	dreijähriges Mädchen 三岁的女孩 sān suì de nǚhái 50 (Jahre alt) sein 五十岁 wǔshí suì 1 Jahr älter als j-d sein 长某人一岁 zhǎng mǒurén yī suì Dieses Pferd ist 2 Jahre alt. 这匹马两岁口 zhè pǐ mǎ liǎng suì kǒu
所 suǒ	*Stelle, Platz, Stätte*	
	ZW für Gebäude ⇨ 栋 dòng, 幢 zhuàng, 座 zuò	1 Haus 一所房子 yī suǒ fángzi
	ZW für Einrichtungen	1 Schule 一所学校 yī suǒ xuéxiào 1 Universität 一所大学 yī suǒ dàxué 1 Krankenhaus 一所医院 yī suǒ yīyuàn
胎 tāi	*Embryo, Fötus; Geburt; Füllung, Polster*	
	zool Wurf ⇨ 窝 wō	3 Kätzchen in 1 Wurf 一胎三只小猫 yī tāi sān zhī xiǎomāo 10 Ferkel in 1 Wurf 一胎十只小猪 yī tāi shí zhī xiǎozhū

台 臺 tái	*Plattform, Terrasse, Podest; Podium, Bühne*	
	Aufführung ⇨ 场 chǎng, 出 chū	1 Theateraufführung 一台戏 yī tái xì 1 (Theater-)Inszenierung 一台演出 yī tái yǎnchū
	ZW für Maschinen	1 Drehbank 一台车床 yī tái chēchuáng 1 Fräsmaschine 一台铣床 yī tái xǐchuáng 1 Lokomotive ⇨ 辆 liàng 一台机车 yī tái jīchē 1 Mähdrescher 一台联合收割机 yī tái liánhé shōugējī 1 Maschine 一台机器 yī tái jīqì 1 Rechenmaschine 一台计算机 yī tái jìsuànjī 1 (Strom-)Generator ⇨ 组 zǔ 一台发电机 yī tái fādiànjī
	ZW für (große) elektrische Geräte ⇨ 柄 bǐng, 部 bù, 杆 gǎn, 架 jià, 具 jù, 只 zhī	1 Computer 一台电脑 yī tái diànnǎo 1 Fernsehgerät 一台电视机 yī tái diànshìjī 1 Kühlschrank 一台冰箱 yī tái bīngxiāng 1 Waschmaschine 一台洗衣机 yī tái xǐyījī

摊 攤 tān	*ausbreiten, auslegen*	
	Pfütze, Lache ⇨ 汪 wāng	1 Schlammpfütze 一摊稀泥 yī tān xīní 1 Blutlache 一摊血泊 yī tān xuèpō 1 Wasserlache 一摊水 yī tān shuǐ
坛 罈 tán	*dickbäuchiges Tongefäß* *(beachte* 坛(壇) tán: *(Opfer-)Altar; Tribüne; Rabatte)*	
	irdener Krug, Kruke ⇨ 罐 guàn, 扎 zhā	1 Kruke Essig 一坛醋 yī tán cù 1 Kruke Honig 一坛蜂蜜 yī tán fēngmì
潭 tán	*tiefer Teich; Kolk; Grube*	
	ZW für stehende Gewässer, Tümpel ⇨ 泓 hóng	1 Tümpel mit stehendem Wasser / 1 toter Weiher 一潭死水 yī tán sǐshuǐ
堂 táng	*Halle, Saal (für bestimmten Zweck); Hauptraum (eines einstöckigen Wohnhauses)*	
	(Einrichtungs-)Garnitur ⇨ 身 shēn, 套 tào, 袭 xí	1 Zimmereinrichtung ⇨ 件 jiàn 一堂家具 yī táng jiāju
	ZW für Unterrichtseinheiten	1 Unterrichtsstunde ⇨ 节 jié, 课 kè, 门 mén 一堂课 yī táng kè
	ZW für großflächige Malereien und Bilder ⇨ 幅 fú, 帧 zhēn, 轴 zhóu	1 Wandmalerei/Fresko 一堂壁画 yī táng bìhuà 1 Bühnenbild 一堂内景 yī táng nèijǐng
	(Gerichts-)Verhandlung	2 Gerichtsverhandlungen durchgemacht haben 过了两堂 guò le liǎng táng

<table>
<tr><td rowspan="5">趟
tàng</td><td colspan="2">Reihe (beachte 趟 tāng: (durch etw) waten; etw hacken (Boden))</td></tr>
<tr><td>ZW für Fahrzeuge mit Ziel
⇨ 辆 liàng</td><td>Dieser Zug/Bus fährt nach Shenzhen. ⇨ 班 bān, 路 lù
这趟车是去深圳的
zhè tàng chē shì qù shēnzhèn de
Von hier fahren täglich 2 Züge nach Beijing.
从这里到北京每天有两趟火车
cóng zhèli dào běijīng měitiān yǒu liǎng tàng huǒchē
Ich habe den letzten Fernbus verpasst.
我错过了最后一趟长途汽车
wǒ cuòguò le zuìhòu yī tàng chángtú qìchē</td></tr>
<tr><td>-mal (unterwegs)
⇨ 把 bǎ, 倍 bèi, 遍 biàn, 次 cì, 度 dù, 番 fān, 回 huí, 和 huò, 面 miàn, 期 qī, 任 rèn, 通 tòng, 下 xià, 遭 zāo</td><td>einmal in Hongkong gewesen sein / eine Reise nach Hongkong gemacht haben
到香港去了一趟
dào xiānggǎng qù le yī tàng
Dieser LKW ist gestern dreimal zur Baustelle gefahren.
这辆卡车昨天往工地跑了三趟
zhè liàng kǎchē zuótiān wǎng gōngdì pǎo le sān tàng</td></tr>
<tr><td>Reihe, (Straßen-)Zug
⇨ 队 duì, 行 háng, 列 liè, 路 lù, 排 pái</td><td>2 Straßenzüge ⇨ 条 tiáo
两趟街 liǎng tàng jiē
auf halbem Wege der Straße (entlang)
半趟街 bàn tàng jiē
einige Reihen Schriftzeichen
几趟汉字 jǐ tàng hànzì
2 Reihen Tische ⇨ 张 zhāng, 桌 zhuō
两趟桌子 liǎng tàng zhuōzi
2 Reihen Bäume ⇨ 行 háng
两趟树 liǎng tàng shù</td></tr>
<tr><td>Übung, Bewegungsablauf
(in 武术 wǔshù)</td><td>eine Schwertübung machen
玩一趟剑 wán yī tàng jiàn</td></tr>
</table>

<table>
<tr><td rowspan="3">套
tào</td><td colspan="2">Hülle, Gehäuse, Futteral;   Flussschleife, Flussknie</td></tr>
<tr><td>ZW für Dinge, die aus einem Satz verschiedener Teile bestehen
⇨ 副 fù, 组 zǔ</td><td>1 Teeservice
一套茶具 yī tào chájù
1 Regelwerk
一套规章制度 yī tào guīzhāng zhìdù
1 Enzyklopädie
一套百科全书 yī tào bǎikē quánshū
1 Anzug ⇨ 件 jiàn
一套衣服 yī tào yīfu
1 Uniform
一套制服 yī tào zhìfú
1 (Ritter-)Rüstung ⇨ 副 fù
一套盔甲 yī tào kuījiǎ
1 Trompete
一套喇叭 yī tào lǎbā
1 Appartement/Suite ⇨ 间 jiān
一套房间 yī tào fángjiān</td></tr>
<tr><td>Satz, Set, Garnitur
⇨ 副 fù, 身 shēn, 堂 táng, 袭 xí, 组 zǔ</td><td>1 Satz Briefmarken
一套邮票 yī tào yóupiào
1 Satz (Porzellan-)Geschirr ⇨ 件 jiàn
一套瓷器 yī tào cíqì
1 Erste-Hilfe-Set
一套急救用品 yī tào jíjiù yòngpǐn
1 Werkzeugset
一套工具 yī tào gōngjù
1 Möbelgarnitur ⇨ 件 jiàn, 堂 táng
一套家具 yī tào jiāju
aus der Reihe tanzen ⇨ 队 duì
另搞一套 lìnggǎo yī tào</td></tr>
</table>

<table>
<tr><td rowspan="2">提
tí</td><td colspan="2">etw tragen, schleppen; etw extrahieren; Schöpfkelle
(beachte 提 dī: 提防 dīfang sich in Acht nehmen, sich vor etw hüten)</td></tr>
<tr><td>nach rechts ansteigender Strich in Schriftzeichen
(auch 剔 tī oder 挑 tiǎo)
⇨ 笔 bǐ, 点 diǎn, 横 héng, 画 huà, 捺 nà, 撇 piě, 竖 shù</td><td>Das Schriftzeichen "七" besteht aus einem nach rechts ansteigenden Strich und einem senkrechten Strich mit Bogen und Haken.
七字的写法是一提一竖弯钩
qī zì de xiěfǎ shì yī tí yī shùwāngōu</td></tr>
<tr><td rowspan="2">天
tiān</td><td colspan="2">Himmel; Wetter</td></tr>
<tr><td>Tag
⇨ 号 hào, 日 rì</td><td>3 Tage
三天 sān tiān</td></tr>
<tr><td rowspan="2">挑
tiāo</td><td colspan="2">etw schultern; etw auswählen, aussuchen
(beachte 挑 tiǎo: in etw stochern; etw schüren; etw anheben)</td></tr>
<tr><td>Tragestange
⇨ 担 dàn</td><td>1 Tragestange (mit 2 Eimern) Wasser
一挑水 yī tiāo shuǐ
1 Tragestange (mit 2 Körben) Gemüse
一挑菜 yī tiāo cài</td></tr>
<tr><td rowspan="2">条
條
tiáo</td><td colspan="2">dünner Zweig, Rute; Streifen; Klausel, Punkt; Ordnung, Reihenfolge</td></tr>
<tr><td>ZW für schmale längliche Dinge
⇨ 道 dào, 根 gēn, 管 guǎn, 苗 miáo, 支 zhī, 枝 zhī</td><td>1 Bein
一条腿 yī tiáo tuǐ
1 Gurke
一条黄瓜 yī tiáo huánggua
1 Hose ⇨ 件 jiàn
一条裤子 yī tiáo kùzi
1 kurze Hose
一条短裤 yī tiáo duǎnkù
1 Weg
一条路 yī tiáo lù
1 Straße ⇨ 趟 tàng
一条街 yī tiáo jiē
1 Fluss ⇨ 道 dào
一条河 yī tiáo hé</td></tr>
</table>

	1 Wasserlauf ⇨ 股 gǔ 一条河流 yī tiáo héliú 1 Schiff ⇨ 艘 sōu, 只 zhī 一条船 yī tiáo chuán 1 Bettlaken 一条床单 yī tiáo chuángdān 1 Handtuch 一条毛巾 yī tiáo máojīn 1 Faden/Schnur ⇨ 股 gǔ 一条线 yī tiáo xiàn
ZW für "schmale längliche" Tiere ⇨ 口 kǒu, 匹 pǐ, 头 tóu, 尾 wěi, 只 zhī	1 Fisch ⇨ 尾 wěi 一条鱼 yī tiáo yú 1 Delphin ⇨ 头 tóu 一条海豚 yī tiáo hǎitún 1 Krokodil 一条鳄鱼 yī tiáo èyú 1 Hund 一条狗 yī tiáo gǒu 1 Wolf 一条狼 yī tiáo láng
ZW für (Diskussions-)Punkte ⇨ 点 diǎn, 来 lái, 项 xiàng, 则 zé	2 Nachrichtenmeldungen 两条新闻 liǎng tiáo xīnwén 3 Vorschläge 三条建议 sān tiáo jiànyì mehrere Gründe 几条理由 jǐ tiáo lǐyóu 1 blendender Einfall 一条妙计 yī tiáo miàojì
ZW für Personen ⇨ 房 fáng, 个 gè, 名 míng, 位 wèi	3 Mann/Kerle ⇨ 组 zǔ 三条汉子 sān tiáo hànzi 3 Menschenleben 三条人命 sān tiáo rénmìng

	Paragraph	Paragraph 4, Absatz 3, Punkt 2 第四条第三款第二项 dì-sì tiáo dì-sān kuǎn dì-èr xiàng
	(Glaubens-)Richtung, Linie ⇨ 派 pài	Kampf zweier (Glaubens-)Richtungen 两条路线的斗争 liǎng tiáo lùxiàn de dòuzhēng mit den Arbeitern einig sein 跟工人一条心 gēn gōngrén yī tiáo xīn
	Riegel, Stange	1 Riegel Seife ⇨ 块 kuài 一条肥皂 yī tiáo féizào 1 Stange Zigaretten ⇨ 包 bāo, 根 gēn, 盒 hé, 支 zhī 一条香烟 yī tiáo xiāngyān
	Tafel ⇨ 板 bǎn, 块 kuài	1 Tafel Schokolade ⇨ 块 kuài 一条巧克力 yī tiáo qiǎokèlì
贴 貼 tiē	*kleben, ankleben; sich an etw anschmiegen*	
	ZW für (medizinische) Pflaster	1 (medizinisches) Pflaster 一贴膏药 yī tiē gāoyao
帖 tiě	*Notiz, Karte; (schriftliche) Einladung* *(beachte* 帖 tiē: *gehorsam, fügsam;* 帖 tiè: *Kopievorlage(nsammlung))*	
	Dosis (in medizinischen Fachbüchern) ⇨ 服 fù, 格 gé, 剂 jì	1 Dosis Medizin 一帖药 yī tiě yào
听 聽 tīng	*hören, anhören, zuhören; lassen, gewähren*	
	Büchse, Dose, Konserve ⇨ 罐 guàn, 盒 hé	1 Büchse Bier ⇨ 口 kǒu, 瓶 píng, 箱 xiāng, 扎 zhā 一听啤酒 yī tīng píjiǔ 1 Dose Champignons 一听蘑菇 yī tīng mógu 1 Dose Kaffee ⇨ 壶 hú 一听咖啡 yī tīng kāfēi 1 Schweinefleischkonservenbüchse 一听猪肉罐头 yī tīng zhūròu guàntou

停 tíng	*stoppen, aufhören; (an)halten; parken; fertig, erledigt*	
	Teil (eines Ganzen) ⇨ 层 céng, 段 duàn, 集 jí, 节 jié, 截 jié, 项 xiàng	3 von 5 Äpfeln sind schlecht. 五停儿苹果有三停儿是坏的 wǔ tíngr píngguǒ yǒu sān tíngr shì huài de 9 von 10 sind in Ordnung. 十停儿有九停儿是好的 shí tíngr yǒu jiǔ tíngr shì hǎo de Wenn von 3 Teilen 2 Teile weggenommen werden, bleibt nur noch 1 Teil übrig. 三停儿去了两停儿还剩一停儿 sān tíngr qùle liǎng tíngr hái shèng yī tíngr
挺 tǐng	*aufrecht, gerade; steif, straff; sehr, recht, äußerst; standhalten, durchhalten, aushalten*	
	ZW für (Schnellfeuer-) Waffen	1 Maschinengewehr ⇨ 杆 gǎn, 枝 zhī 一挺机枪 yī tǐng jīqiāng
通 tōng	*etw miteinander verbinden; j-n informieren; zuammenhängend* ⇨ 通 tòng	
	ZW für Briefe, Schreiben, Telefonanrufe (Korrespondenz und Telekommunikation) ⇨ 封 fēng, 纸 zhǐ	1 Telegramm 一通电报 yī tōng diànbào 1 Schriftstück 一通文书 yī tōng wénshū 1 Telefonanruf 一通电话 yī tōng diànhuà 1 persönlicher Brief 手书一通 shǒushū yī tōng
桶 tǒng	*Kübel, Eimer, Fass, Tonne, Bottich*	
	Eimer	1 Eimer Milch 一桶牛奶 yī tǒng niúnǎi 1 Eimer Reis ⇨ 把 bǎ, 包 bāo, 袋 dài, 颗 kē, 粒 lì, 捧 pěng, 碗 wǎn 一桶大米 yī tǒng dàmǐ
	Kübel	1 Kübel Lack(farbe) 一桶漆 yī tǒng qī

	Fass	1 Fass Wasser (z.B. für Wasserspender: 18.9-Liter-Plastefass) 一桶水 yī tǒng shuǐ
	ME Barrel (ca. 159 Liter)	1 Barrel Öl 一桶油 yī tǒng yóu
通 tòng	*ZW für (vollständig durchgeführte) Aktivitäten* ⇨ 通 tōng	
	ZW für (vollständig durchgeführte) Aktivitäten	einen Anruf machen 打一通电话 dǎ yī tòng diànhuà eine Beschwerde äußern 发一通牢骚 fā yī tòng láosāo ihm eine Standpauke halten 骂了他一通 mà le tā yī tòng Stunk/Blödsinn/Mätzchen machen 胡闹一通 húnào yī tòng
	-mal (schlagen) ⇨ 把 bǎ, 倍 bèi, 遍 biàn, 次 cì, 度 dù, 番 fān, 回 huí, 和 huò, 记 jì, 面 miàn, 期 qī, 任 rèn, 趟 tàng, 下 xià, 遭 zāo	dreimalige Trommelschläge / die Kampftrommel 3-mal rühren 擂鼓三通 léigǔ sān tòng
头 頭 tóu	*Kopf*	
	ZW für Vieh und Tiere ⇨ 口 kǒu, 匹 pǐ, 条 tiáo, 尾 wěi, 只 zhī	1 Rind 一头牛 yī tóu niú 1 Wasserbüffel 一头水牛 yī tóu shuǐniú 1 Wal ⇨ 尾 wěi 一头鲸 yī tóu jīng 1 Delphin ⇨ 条 tiáo 一头海豚 yī tóu hǎitún 1 Maultier 一头骡 yī tóu luó 1 Schwein ⇗ 口 kǒu 一头猪 yī tóu zhū

	Knolle	1 Knoblauchknolle ⇨ 瓣 bàn, 辫 biàn, 股 gǔ 一头蒜 yī tóu suàn 1 Zwiebel ⇨ 辫 biàn 一头洋葱 yī tóu yángcōng
	(vorangestellt) der/die/das erste	die ersten 3 Tage 头三天 tóu sān tiān
团 團 tuán	*rund, kreisförmig; Knödel, Kloß; Gruppe, Einheit*	
	Knäuel	1 Papierknäuel 一团废纸 yī tuán fèizhǐ 1 Wollknäuel ⇨ 绞 jiǎo 一团毛线 yī tuán máoxiàn 1 wirres Knäuel Hanf / eine verzwickte Situation 一团乱麻 yī tuán luàn má
	Ball	1 Feuerball 一团火 yī tuán huǒ
	Kloß	1 Teigkloß 一团面 yī tuán miàn
	Schwall	ein Schwall kalter Luft ⇨ 股 gǔ 一团冷空气 yī tuán lěng kōngqì
	ZW für Knäuelförmiges ⇨ 颗 kē, 粒 lì	1 Gewitterwolke ⇨ 朵 duǒ, 缕 lǚ, 片 piàn 一团乌云 yī tuán wūyún
坨 tuó	*verklumpen, zusammenpappen*	
	Klumpen, Brocken	1 Klumpen Schlamm 一坨泥 yī tuó ní 1 Köthel/Norbel (Scheiße) ⇨ 泡 pāo 一坨屎 yī tuó shǐ
丸 wán	*Kügelchen*	
	Pille ⇨ 粒 lì	jedesmal 2 Pillen (einnehmen) 每服两丸 měi fú liǎng wán 10 Pillen in jeder Schachtel 一盒十丸 yī hé shí wán

<table>
<tr><td rowspan="2">碗
wǎn</td><td colspan="2">Schale, Schüssel, Napf</td></tr>
<tr><td>Schale, Schüssel, Napf</td><td>1 Schale (gedämpfter) Reis ⇨ 把 bǎ, 包 bāo, 袋 dài, 颗 kē, 粒 lì, 捧 pěng, 桶 tǒng
一碗米饭 yī wǎn mǐfàn
1 Schüssel Erbsen
一碗豌豆 yī wǎn wāndòu</td></tr>
<tr><td rowspan="2">汪
wāng</td><td colspan="2">sich aufstauen, ansammeln; Wassermassen</td></tr>
<tr><td>Pfütze, Lache
⇨ 摊 tān</td><td>1 Regenpfütze
一汪雨水 yī wāng yǔshuǐ
1 Blutlache
一汪血液 yī wāng xuèyè</td></tr>
<tr><td rowspan="3">围
圍
wéi</td><td colspan="2">um etw (herum), ringsherum; etw/j-n umgeben, etw umzäunen</td></tr>
<tr><td>Klafter
(hist Längenmaß: Spannweite der seitwärts gestreckten Arme)
⇨ 抱 bào, 搂 lǒu</td><td>ein Baum mit einem Umfang von 10 Klaftern
树大十围 shù dà shí wéi</td></tr>
<tr><td>doppelte Fingerspanne
(Länge der gespreizten Daumen und Zeigefinger beider Hände)
⇨ 拃 zhǎ, 指 zhǐ</td><td>ein Taillenumfang von 2 doppelten Fingerspannen
腰组两围 yāo zǔ liǎng wéi</td></tr>
<tr><td rowspan="2">维
維
wéi</td><td colspan="2">etw bündeln; Denken; Ausdehnung</td></tr>
<tr><td>Dimension
(mit dem Zahlwort verschmolzen)</td><td>eindimensional
一维的 yīwéide
zweidimensionales Feld
二维场 èrwéi chǎng
dreidimensionaler Körper
三维立体 sānwéi lìtǐ</td></tr>
<tr><td rowspan="2">尾
wěi</td><td colspan="2">Schwanz; Ende; Rest (beachte 尾 yǐ: Schwanzhaar (des Pferdes))</td></tr>
<tr><td>ZW für Fische
⇨ 条 tiáo, 头 tóu</td><td>1 Fisch
一尾鱼 yī wěi yú</td></tr>
</table>

Zeichen	Bedeutung	Beispiele
位 wèi	*Platz, Ort, Stelle; Stand, Stellung, Rang*	
	höfl ZW für Personen ⇨ 房 fáng, 个 gè, 名 míng, 条 tiáo	1 Gast 一位客人 yī wèi kèrén 1 Herr 一位先生 yī wèi xiānsheng 1 Repräsentant / Delegierter / Abgeordneter 一位代表 yī wèi dàibiǎo einige Freunde 几位朋友 jǐ wèi péngyou einige bekannte Wissenschaftler 几位著名的科学家 ⇨ 派 pài jǐ wèi zhùmíng de kēxuéjiā
	Stelle, -stellig ⇨ 有 yòu	einstellige Zahl 个位 gè wèi zehnstellige Zahl 十位数 shí wèi shù (beachte: Zehnerstelle 十位 shíwèi) bis zu 5 Dezimalstellen ausrechnen 计算到小数点后五位 jìsuàn dào xiǎoshùdiǎn hòu wǔ wèi Sein jährliches Einkommen ist 7-stellig. 他的年收入达到七位数 tāde nián shōurù dádào qī wèi shù
	Informationseinheit Bit	1 Megabit 1 兆位, 1 zhàowèi
味 wèi	*Geschmack, Aroma; Geruch*	
	Ingredienz, Zutat	2 Heilmittel (als Ingredienz) ⇨ 服 fù, 剂 jì, 帖 tiē 两味药 liǎng wèi yào Dieses Rezept gibt 7 Zutaten an. 这个方子共有七味药 zhège fāngzi gòng yǒu qī wèi yào

文 wén	*Schrift; Sprache; Kultur*	
	hist ZW für (Kupfer-)Münzgeld ⇨ 块 kuài, 枚 méi	1 Käsch 一文钱 yī wén qián ohne einen Pfennig 一文不名 yī wén bù míng keinen Heller wert sein 一文不值 yī wén bù zhí
窝 窩 wō	*Nest; Schlupfwinkel*	
	zool Wurf, Brut ⇨ 胎 tāi	1 Wurf von 10 Ferkeln 一窝十只小猪 yī wō shí zhī xiǎozhū 1 Wurf Hundewelpen 一窝小狗 yī wō xiǎogǒu 1 Wurf Kätzchen 一窝小猫 yī wō xiǎomāo 1 Brut Hühnerküken 一窝小鸡 yī wō xiǎojī 1 Brut Entenküken 一窝小鸭 yī wō xiǎoyā
	(Insekten-)Stock, Nest, Haufen	1 Bienenstock ⇨ 只 zhī 一窝蜂 yī wō fēng 1 Wespennest 一窝马蜂 yī wō mǎfēng 1 Ameisenhaufen ⇨ 列 liè, 只 zhī, 座 zuò 一窝蚂蚁 yī wō mǎyǐ
席 xí	*Matte; Sitz, Platz; Festmal, Festessen, Bankett*	
	ZW für Bankette	1 Bankett/Festessen ⇨ 桌 zhuō 一席酒 yī xí jiǔ
	ZW für Treffen, Runde ⇨ 轮 lún	1 Gespräch 一席话 yī xí huà
	Sitz, Platz	einen Parlamentssitz haben 在议会中有一席 zài yìhuìzhōng yǒu yī xí

<table>
<tr><td rowspan="2">袭
襲
xí</td><td colspan="2">j-n/etw imitieren; j-n/etw überfallen</td></tr>
<tr><td>(Kleider-)Garnitur
⇨ 身 shēn, 堂 táng, 套 tào</td><td>1 Garnitur wattierte Kleidung
一袭棉衣 yī xí miányī
1 Abendgarderobe
一袭晚装 yī xí wǎnzhuāng
1 Schleier
一袭薄纱 yī xí bóshā</td></tr>
<tr><td rowspan="2">下
xià</td><td colspan="2">unten, unter; niedriger, geringer</td></tr>
<tr><td>Mal
⇨ 把 bǎ, 倍 bèi, 遍 biàn, 次 cì, 度 dù, 番 fān, 回 huí, 和 huò, 面 miàn, 期 qī, 任 rèn, 趟 tàng, 通 tòng, 遭 zāo</td><td>die Fahne einige Male schwingen
摇几下旗子 yáo jǐ xià qízi
3 Mal an die Tür klopfen
敲三下门 qiāo sān xià mén
Tip: 3 Mal mit 下 xià an die Tür klopfen bedeutet genau 3 Mal (z.B. mit dem Finger) an die Tür klopfen ⇨ 次 cì</td></tr>
<tr><td rowspan="2">线
綫
xiàn</td><td colspan="2">Faden, Garn, Zwirn; Draht; Linie; Rand, Grenze</td></tr>
<tr><td>Hauch, Spur (von etw), Chance, Schimmer
⇨ 股 gǔ, 丝 sī</td><td>eine winzige Überlebenschance
一线生机 yī xiàn shēngjī
ein Hoffnungsschimmer
一线希望 yī xiàn xīwàng
ein Lichtstreif
一线光明 yī xiàn guāngmíng</td></tr>
<tr><td rowspan="2">箱
xiāng</td><td colspan="2">Kasten, Kiste, Koffer</td></tr>
<tr><td>Kasten, Kiste
⇨ 件 jiàn, 只 zhī</td><td>1 Kasten Bier
⇨ 口 kǒu, 瓶 píng, 听 tīng, 扎 zhā
一箱啤酒 yī xiāng píjǒu
1 Kiste Mandarinen
一箱蜜橘 yī xiāng mìjú
1 Kiste Einzel-/Ersatzteile
一箱零件 yī xiāng língjiàn</td></tr>
</table>

<table>
<tr><td rowspan="4">项
項
xiàng</td><td colspan="2">Hals; Genick, Nacken</td></tr>
<tr><td>ZW für Prinzipien und Gebote
⇨ 戒 jiè, 诫 jiè</td><td>8 Prinzipien
八项原则 bā xiàng yuánzé
eine Sache von größter Wichtigkeit
一项重大任务 yī xiàng zhòngdà rènwu</td></tr>
<tr><td>Punkt
⇨ 点 diǎn, 来 lái, 条 tiáo, 则 zé</td><td>Paragraph 4, Absatz 3, Punkt 2
第四条第三款第二项
dì-sì tiáo dì-sān kuǎn dì-èr xiàng
etw Punkt für Punkt erklären
一项一项地进行解释
yī xiàng yī xiàng dì jìnxíng jiěshì</td></tr>
<tr><td>Teil
⇨ 层 céng, 段 duàn, 集 jí, 节 jié, 截 jié, 停 tíng</td><td>Es ist noch ein Teil der Arbeit zu erledigen.
还有一项工作要做
hái yǒu yī xiàng gōngzuò yào zuò</td></tr>
<tr><td rowspan="2">些
xiē</td><td colspan="2">einige(s); etwas, ein bisschen</td></tr>
<tr><td>unbestimmte Anzahl, nicht zählbare Menge
(mit dem Zahlwort verschmolzen)
⇨ 撮 cuō, 点 diǎn, 丝 sī, 宗 zōng</td><td>einige Leute
一些人 yīxiē rén
diese Stoffe
这些料子 zhèxiē liàozi
Und die da?
那些呢 nàxiē ne</td></tr>
<tr><td rowspan="2">星
xīng</td><td colspan="2">Stern; Himmelskörper</td></tr>
<tr><td>Teilchen, Stückchen, Partikel</td><td>ein winziges bisschen ⇨ 点 diǎn
一星半点 yī xīng bàndiǎn</td></tr>
<tr><td rowspan="2">宿
xiǔ</td><td colspan="2">Nacht (beachte 宿 xiù: Sternkonstellation, Haus; 宿 sù: übernachten; langjährig)</td></tr>
<tr><td>Nacht, Übernachtung
⇨ 夜 yè</td><td>1 Übernachtung nehmen /
1 Nacht bleiben
住一宿 zhù yī xiǔ</td></tr>
<tr><td rowspan="2">旬
xún</td><td colspan="2">Monatsdrittel, Dekade</td></tr>
<tr><td>Lebensjahrzehnt, Dekade
(nur bei hohem Alter)
⇨ 岁 suì, 秩 zhì</td><td>60. Geburtstag
六旬大寿 liù xún dà shòu</td></tr>
</table>

		die 70 erreicht haben 年满七旬 niánmǎn qī xún die 80-jährige Mutter 八旬老母 bā xún lǎo mǔ über 90 sein 年逾九旬 niányú jiǔ xún
巡 xún	*patroullieren, einen Rundgang machen*	
	(Getränke-)Runde ⇨ 合 hé, 轮 lún, 盘 pán, 席 xí, 遭 zāo, 周 zhōu	Es wurden schon 3 Runden Schnaps eingeschenkt. 酒过三巡 jiǔ guò sān xún
眼 yǎn	*Auge; kleines Loch, Öffnung*	
	ZW für Quellen und Brunnen	1 Brunnen (gefasste Quelle) ⇨ 口 kǒu 一眼井 yī yǎn jǐng 1 Quelle ⇨ 泓 hóng 一眼泉 yī yǎn quán
	Blick	1 (kurzen) Blick auf etw werfen 瞧一眼 qiáo yī yǎn
样 樣 yàng	*Form, Aussehen; Muster, Modell*	
	Art, Sorte ⇨ 番 fān, 号 hào, 款 kuǎn, 路 lù, 码 mǎ, 种 zhǒng	2 Gemüsesorten/Gerichte ⇨ 盘 pán 两样菜 liǎng yàng cài
页 頁 yè	*Blatt, Seite*	
	(Buch-)Seite ⇨ 篇 piān	die 1. Seite 第一页 dì-yī yè ein Buch mit 300 Seiten 一本三百页的书 yī běn sānbǎi yè de shū
	Blatt, Bogen (Papier) ⇨ 篇 piān, 张 zhāng	1 Blatt Briefpapier 一页信纸 yī yè xìnzhǐ
	Kapitel ⇨ 回 huí	ein neues Kapitel aufschlagen (auch im übertragenen Sinne) 打开新的一页 dǎkāi xīn de yī yè

<table>
<tr><td rowspan="2">夜
yè</td><td colspan="2">Nacht</td></tr>
<tr><td>Nacht
⇨ 宿 xiǔ</td><td>Nacht für Nacht
一夜又一夜 yī yè yòu yī yè
3 Tage und 3 Nächte reichen nicht aus, um das alles zu erzählen.
三天三夜讲不完
sān tiān sān yè jiǎng bù wán
Er blieb 5 Nächte im Hotel.
他在旅馆住了五夜
tā zài lǚguǎn zhù le wǔ yè</td></tr>
<tr><td rowspan="2">楹
yíng</td><td colspan="2">(Haupt-)Stützsäule</td></tr>
<tr><td>Raum, Zimmer, Gemach
⇨ 间 jiān</td><td>Im Garten steht ein kleines Haus mit 3 Räumen.
园内有小舍三楹
yuán nèi yǒu xiǎo shè sān yíng</td></tr>
<tr><td rowspan="2">又
yòu</td><td colspan="2">wieder, wiederholt; und, ferner, obendrein</td></tr>
<tr><td>und
(zwischen ganzzahligem Anteil und nachfolgendem Bruchteil)</td><td>ein(und)eindrittel
一又三分之一 yī yòu sān fēn zhī yī</td></tr>
<tr><td rowspan="2">有
yòu</td><td colspan="2">Zahlpartikel (beachte 有 yǒu: etw haben, besitzen; es gibt/existiert etw)</td></tr>
<tr><td>Zahlpartikel für Zehnerstellen
(ähnlich dem "und" in deutschen Zahlen: acht-und-zwanzig)
⇨ 位 wèi</td><td>28 Jahre
二十有八年 èrshí yòu bā nián</td></tr>
<tr><td rowspan="3">余
餘
yú</td><td colspan="2">übrig, restlich; über, mehr als</td></tr>
<tr><td>über, mehr als (nur hinter 十 shí, 百 bǎi, 千 qiān etc.)
⇨ 多 duō, 强 qiáng, 弱 ruò</td><td>mehr als 10 Leute
十余人 shí yú rén
über 2000 Pfund
两千余斤 liǎngqiān yú jīn</td></tr>
<tr><td>vor dem Ergebnis einer Subtraktion ("bleiben übrig")</td><td>8-3=5
八减三余五 bā jiǎn sān yú wǔ</td></tr>
</table>

<table>
<tr><td rowspan="2">元
yuán</td><td colspan="2">erste, anfänglich; fundamental, grundlegend</td></tr>
<tr><td>chin Währungseinheit:
Yuan / Dollar</td><td>⇨ "Währung", S. 31</td></tr>
<tr><td rowspan="2">员
員
yuán</td><td colspan="2">Mitarbeiter, Beschäftigte, Personal; Mitglied</td></tr>
<tr><td>ZW für Generäle</td><td>1 fähiger General
一员大将 yī yuán dàjiàng</td></tr>
<tr><td rowspan="3">月
yuè</td><td colspan="2">Mond</td></tr>
<tr><td>Monat
(mit dem Zahlwort verschmolzen)</td><td>Februar
二月 èryuè
(beachte: 2 Monate 两个月 liǎng ge yuè)
Welcher Monat?
几月 jǐ yuè / 哪月 nǎ yuè
(beachte: Wieviele Monate? 几个月 jǐ ge yuè)</td></tr>
<tr><td>Monat im Datum</td><td>⇨ "Datum", S. 26</td></tr>
<tr><td rowspan="2">扎
紮
紥
zā</td><td colspan="2">etw festbinden, etw zusammenbinden
⇨ 扎 zhā</td></tr>
<tr><td>Bündel (insb Papier)
⇨ 把 bǎ, 包 bāo, 簇 cù, 捆 kǔn, 束 shù</td><td>1 Bündel Geldscheine
一扎钞票 yī zā chāopiào
1 Bündel Briefe ⇨ 沓 dá
一扎信件 yī zā xìnjiàn
1 Bündel Zeitungen
一扎报纸 yī zā bàozhǐ
1 Bündel Brennholz ⇨ 担 dàn
一扎柴火 yī zā cháihuo
1 Bündel Heu ⇨ 捆 kǔn
一扎干草 yī zā gāncǎo</td></tr>
<tr><td rowspan="2">载
載
zǎi</td><td colspan="2">etw registrieren (beachte 载 zài: etw/j-n beförden; etw gleichzeitig tun)</td></tr>
<tr><td>Jahr(e lang)
⇨ 茬 chá, 届 jiè, 年 nián, 岁 suì</td><td>6 bis 12 Monate
一年半载 yī nián bàn zǎi
3 bis 5 Jahre
三年五载 sān nián wǔ zǎi</td></tr>
</table>

遭 zāo	*j-m passiert etw, j-d erleidet etw, von etw betroffen sein*	
	Mal ⇨ 把 bǎ, 倍 bèi, 遍 biàn, 次 cì, 度 dù, 番 fān, 回 huí, 和 huò, 面 miàn, 期 qī, 任 rèn, 趟 tàng, 通 tòng, 下 xià	beim ersten Mal noch fremd, beim zweiten schon vertraut 一遭生，两遭熟 yī zāo shēng, liǎng zāo shú Es ist das erste Mal, dass ich vor einem so großen Auditorium spreche. 在这么多人面前讲话，我还是头一遭 zài zhème duō rén miànqián jiǎnghuà, wǒ háishi tóu yī zāo Es ist das erste Mal, dass ich alleine reise. 一个人出远门，我还是头一遭 yī ge rén chū yuǎnmén, wǒ háishi tóu yī zāo
	Runde, Kreis ⇨ 卷 juǎn, 盘 pán, 周 zhōu	mit einer Schnur zweimal umwickeln 用绳子绕两遭 yòng shéngzi ráo liǎng zāo eine Runde gehen/drehen 走一遭 zǒu yī zāo 2 Runden später überholte ich ihn. 跑了两遭之后我超过了他 pǎole liǎng zāo zhīhòu wǒ chāoguò le tā
则 則 zé	*Richtschnur, Maßstab, Standard; Regel, Vorschrift*	
	ZW für kurze Texte ⇨ 篇 piān	3 Prüfungsfragen ⇨ 串 chuàn, 道 dào 试题三则 shìtí sān zé 2 Fabeln 寓言两则 yùyán liǎng zé 1 Zeitungsnotiz/Nachricht 新闻一则 xīnwén yī zé

	Punkt in Aufzählungen ⇨ 点 diǎn, 来 lái, 条 tiáo, 项 xiàng	Ich mag nicht mehr weitergehen. Erstens sind die Kräfte verbraucht, zweitens tun die Füße weh, drittens gibt es keinen Grund zu solcher Eile. 我不想再走了，一则力乏，二则脚痛，三则没必要这么匆忙。 Wǒ bù xiǎng zài zǒu le, yī zé lì fá, èr zé jiǎo tòng, sān zé méi bìyào zhème cōngmáng. Zum einen erwächst die Theorie aus der Praxis, zum anderen dient sie der Praxis. 一则一切理论来源于实践，二则理论反过来又是为实践服务的。 Yī zé yīqiè lǐlùn láiyuányú shíjiàn, èr zé lǐlùn fǎnguòlái yòu shì wèi shíjiàn fúwù de.
扎 zhā	*sich/etw stechen, piksen* *(beachte* 扎 zhá: 扎挣 zházheng *sich (vor Schwäche) kaum bewegen können)* ⇨ 扎 zā	
	Krug (gezapften Bieres) ⇨ 罐 guàn, 坛 tán	1 Krug Fassbier ⇨ 口 kǒu, 瓶 píng, 听 tīng, 箱 xiāng 一扎啤酒 yī zhā píjiǔ
拃 zhǎ	*etw mit gespreizten Fingern ausmessen*	
	(Hand-)Spanne ⇨ 围 wéi	4 Spannen lang, 2 Spannen breit 四拃长两拃宽 sì zhǎ cháng liǎng zhǎ kuān
盏 盞 zhǎn	*kleines Trinkgefäß*	
	ZW für Lampen	1 Lampe/Leuchte/Licht 一盏灯 yī zhǎn dēng

张 張 zhāng	*öffnen; spannen, ausbreiten; schauen, sehen*	
	ZW für Gegenstände mit flacher/ebener Oberfläche ⇨ 面 miàn	1 Tisch ⇨ 趟 tàng, 桌 zhuō 一张桌子 yī zhāng zhuōzi 1 Bett 一张床 yī zhāng chuáng 1 Schallplatte 一张唱片 yī zhāng chàngpiàn
	ZW für menschliches Gesicht und Mund ⇨ 副 fù	1 Gesicht 一张脸 yī zhāng liǎn 1 Mund 一张嘴 yī zhāng zuǐ
	ZW für bogenförmige Gegenstände ⇨ 撇 piě	1 (Sport-)Bogen 一张弓箭 yī zhāng gōngjiàn
	Bogen, Blatt ⇨ 篇 piān, 页 yè	1 Bogen/Blatt Papier 一张纸 yī zhāng zhǐ 1 Zeitungsbogen ⇨ 份 fèn, 卷 juǎn 一张报纸 yī zhāng bàozhǐ 1 Landkarte ⇨ 本 běn 一张地图 yī zhāng dìtú 2 (getrennte) Quittungen/Belege ⇨ 纸 zhǐ 两张单据 liǎng zhāng dānjù
折 zhé	*etw (ab)brechen, knicken; umkehren; etw (klein) falten* *(beachte 折 shé: (zer)brechen; (Geld) verlieren; 折 zhē: etw/sich hin- und herwälzen)*	
	Preisnachlass, Rabatt, Skonto auf soundsoviel 10% ⇨ 成 chéng, 分 fēn, 度 dù, 扣 kòu	10% Rabatt geben ("bei 90% (ein)knicken") 打九折 dǎ jiǔ zhé 4% Skonto bei sofortiger Zahlung 如立即付款可打九六折 rú lì jífù kuǎn kě dǎ jiǔ liù zhé
针 針 zhēn	*Nadel; Stachel; Stich; Zeiger; Injektion, Spritze*	
	Stich	Die Wunde wurde mit 5 Stichen genäht. 伤口缝了五针 shāngkǒu féng le wǔ zhēn

<table>
<tr><td></td><td>Masche</td><td>1 Masche fallen lassen
织漏一针 zhīlòu yī zhēn</td></tr>
<tr><td></td><td>Injektion, Spritze</td><td>1 Injektion Penicillin
一针青霉素 yī zhēn qīngméisù</td></tr>
<tr><td rowspan="2">帧
幀
zhēn</td><td colspan="2">Bild</td></tr>
<tr><td>ZW für Bilder und Gemälde
⇨ 幅 fú, 堂 táng, 轴 zhóu</td><td>1 Foto
一帧照片 yī zhēn zhàopiān
1 Ölgemälde
一帧油画 yī zhēn yóuhuà
1 chinesisches Tuschgemälde
一帧国画 yī zhēn guóhuà</td></tr>
<tr><td rowspan="3">阵
陣
zhèn</td><td colspan="2">Schlachtordnung; Front</td></tr>
<tr><td>Stoß, Welle
⇨ 片 piàn</td><td>1 Windstoß
一阵风 yī zhèn fēng
1 Regenschauer ⇨ 场 cháng
一阵雨 yī zhèn yǔ
1 Kältewelle
一阵寒潮 yī zhèn háncháo
1 Beifallssturm
一阵热烈的掌声
yī zhèn rèliè de zhǎngshēng
1 Welle der Freude/Lust
一阵喜悦 yī zhèn xǐyuè</td></tr>
<tr><td>Anfall</td><td>1 Lachanfall
一阵笑声 yī zhèn xiàoshēng
1 Hustenanfall
一阵咳嗽 yī zhèn késou
1 Ohnmachtsanfall
一阵昏厥 yī zhèn hūnjué
1 Schwindelanfall
一阵眩晕 yī zhèn xuànyùn</td></tr>
</table>

	Weile ⇨ 场 cháng	eine Weile rasten 休息一阵儿 xiūxi yī zhènr eine Weile krank gewesen sein 病了一阵儿 bìng le yī zhènr eine gute Weile gewartet haben 等了好一阵子 děng le hǎo yī zhènzi jene Tage, damals 那阵儿 nà zhènr dieser Tage, kürzlich 这阵儿 zhè zhènr
支 zhī	*aufrichten; stützen; Abzweigung; j-n wegschicken*	
	ZW für stabförmige Gegenstände ⇨ 道 dào, 根 gēn, 管 guǎn, 苗 miáo, 条 tiáo, 枝 zhī	1 Füller 一支钢笔 yī zhī gāngbǐ 1 Pfeil ⇨ 束 shù 一支箭 yī zhī jiàn 1 Pinsel 一支毛笔 yī zhī máobǐ 1 Zigarette ⇨ 包 bāo, 根 gēn, 盒 hé, 条 tiáo 一支香烟 yī zhī xiāngyān
	ZW für Lieder ⇨ 阕 què, 首 shǒu	1 Lied 一支歌 yī zhī gē 1 Melodie/Weise 一支曲子 yī zhī qǔzi 1 Volkslied 一支民歌 yī zhī míngē
	ZW für im Verbund Zusammenwirkendes	1 Orchester 一支乐队 yī zhī yuèduì
	milit Verband, Einheit	1 Truppenabteilung 一支队伍 yī zhī duìwǔ 1 Flottenverband 一支舰队 yī zhī jiànduì 支 zhī … 只 zhī
	Stärke, Grad, Körnung ⇨ 度 dù, 段 duàn, 级 jí, 流 liú	Glühbirne von 40 Watt ⇨ 烛 zhú 四十支光的灯泡 sìshí zhī guāng de dēngpào

		Garn von 60 Denier[43] ⇨ 卷 juǎn, 子 zǐ 六十支棉纱 liùshí zhī miánshā 80er Schleifpapier[44] 八十支砂纸 bāshí zhī shāzhǐ
只 隻 zhī	*allein, einzig* *(beachte 只 zhǐ: bloß, nur)*	
	ZW für einzelne Dinge, die normalerweise im Paar vorkommen ⇨ 对 duì, 副 fù, 双 shuāng	1 Schuh 一只鞋 yī zhī xié 1 Auge 一只眼睛 yī zhī yǎnjing 1 Fuß 一只脚 yī zhī jiǎo
	ZW für Vögel	1 Huhn 一只鸡 yī zhī jī 1 Gans 一只鹅 yī zhī é 1 Ente 一只鸭 yī zhī yā
	ZW für kleine Tiere ⇨ 口 kǒu, 匹 pǐ, 条 tiáo, 头 tóu, 尾 wěi	1 Hase/Kaninchen 一只兔子 yī zhī tùzi 1 Katze 一只猫 yī zhī māo 1 Tiger 一只老虎 yī zhī lǎohǔ 1 Hund ⇨ 条 tiáo 一只狗 yī zhī gǒu 1 Wolf ⇨ 条 tiáo 一只狼 yī zhī láng

[43] *siehe auch Kapitel "SI-fremde Maßeinheiten" S. 148*
[44] *siehe auch "Körnung" im Kapitel "SI-fremde Maßeinheiten" S. 148*

	ZW für Insekten ⇨ 窝 wō	1 Ameise ⇨ 列 liè, 窝 wō, 座 zuò 一只蚂蚁 yī zhī mǎyǐ 1 (Honig-)Biene ⇨ 窝 wō 一只蜜蜂 yī zhī mìfēng 1 Fliege 一只苍蝇 yī zhī cāngying 1 Mücke 一只蚊子 yī zhī wénzi 1 Schabe/Kakerlake 一只蟑螂 yī zhī zhāngláng
	ZW für kleine elektrische Geräte ⇨ 柄 bǐng, 部 bù, 杆 gǎn, 架 jià, 具 jù, 台 tái	1 Handy ⇨ 部 bù 一只手机 yī zhī shǒujī 1 Computermaus 一只鼠表 yī zhī shǔbiǎo
	ZW für kleine Behälter ⇨ 件 jiàn, 箱 xiāng	1 Köfferchen 一只箱子 yī zhī xiāngzi 1 kleine Schachtel/Etui ⇨ 盒 hé 一只匣 yī zhī xiá
	ZW für kleine Wasserfahrzeuge ⇨ 艘 sōu	1 Boot 一只小船 yī zhī xiǎochuán 1 Floß 一只木筏 yī zhī mùfá
枝 zhī	*Ast, Zweig; Geäst*	
	Zweig, Spross	1 Bambussprosse 一枝竹笋 yī zhī zhúsǔn 1 Blütenzweig einer Winterkirsche 一枝梅花 yī zhī méihuā
	ZW für stabförmige Gegenstände ⇨ 道 dào, 根 gēn, 管 guǎn, 苗 miáo, 条 tiáo, 支 zhī	1 Bleistift 一枝铅笔 yī zhī qiānbǐ 1 Gewehr/Karabiner ⇨ 杆 gǎn, 挺 tǐng 一枝步枪 yī zhī bùqiāng 1 (Wachs-)Kerze 一枝蜡烛 yī zhī làzhú

纸 紙 zhǐ	*Papier*	
	ZW für Dokumente (Papier, Schreiben) ⇨ 封 fēng, 通 tōng	1 (amtliches) Dokument 一纸公文 yī zhǐ gōngwén 1 Verbot (rel Bann) ⇨ 戒 jiè 一纸禁令 yī zhǐ jìnlìng 3 Quittungen/Belege ⇨ 张 zhāng 单据三纸 dānjù sān zhǐ Das ist nur ein Fetzen Papier ohne jeden Wert. 此仅一纸空文毫无用处 cǐ jǐn yī zhǐ kōngwén háowú yòngchu
指 zhǐ	*auf etw/j-n zeigen; Finger*	
	Finger(-breit) ⇨ 围 wéi	4 Finger breit 四指宽 sì zhǐ kuān 2 Finger breiter Papierstreifen 两指宽的纸条 liǎng zhǐ kuān de zhǐtiáo Dieses Paar Schuhe ist einen Finger(-breit) zu groß. 这双鞋大了一指 zhè shuāng xié dà le yī zhǐ
秩 zhì	*geordnet, ordentlich; Reihenfolge*	
	Lebensjahrzehnt, Dekade (nur bei hohem Alter) ⇨ 岁 suì, 旬 xún	über 60 sein 年逾六秩 niányú liù zhì 70. Geburtstag 七秩寿辰 qī zhì shòuchén 84 Jahre alt 八秩晋四 bā zhì jìn sì
盅 zhōng	*Becher; Kalotte*	
	(henkellose) Tasse, Becher ⇨ 杯 bēi	Wir haben einige Becher Tee getrunken. 我们喝了几盅茶 wǒmen hē le jǐ zhōng chá

种 種 zhǒng	*Art, Sorte; Rasse; Mut, Unbeugsamkeit* *(beachte* 种 zhòng: *etw (an)pflanzen, etw anbauen)*	
	Sorte, Art, Typ ⇨ 番 fān, 号 hào, 款 kuǎn, 路 lù, 码 mǎ, 样 yàng	1 Phänomen/Erscheinung 一种现象 yī zhǒng xiànxiàng 2 Sorten Gemüse 两种菜 liǎng zhǒng cài 2 Sorten Obst 两种水果 liǎng zhǒng shuǐguǒ 2 Stahlsorten 两种钢材 liǎng zhǒng gāngcái diese Art Sachen 那种东西 nà zhǒng dōngxi solches Wetter 这种天气 zhè zhǒng tiānqì solches Betragen 这种行为 zhè zhǒng xíngwéi verschiedene Farben 各种颜色 gè zhǒng yánsè Hobelbänke verschiedenen Typs 各种刨床 gè zhǒng bàochuáng
周 週 zhōu	*Zyklus, Periode; Umkreis, Zirkel; allgemein, alle; vollkommen, vollständig*	
	Woche	1 Woche ⇨ 个 gè 一周 yī zhōu vor 2 Wochen 两周前 liǎng zhōu qián nach/in 3 Wochen 三周后 sān zhōu hòu Wir sehen uns nächste Woche / Bis nächste Woche. 下周见 xià zhōu jiàn 40 Stunden pro Woche arbeiten 每周工作四十小时 měi zhōu gōngzuò sìshí xiǎoshí

	Umrundung, Umkreisung ⇨ 遭 zāo	Die Erde umkreist die Sonne einmal im Jahr. 地球每年围绕太阳公转一周 dìqiú měi nián wéirào tàiyáng gōngzhuàn yī zhōu die Arena einmal umrunden 绕场一周 rào chǎng yī zhōu
	Umdrehung ⇨ 转 zhuàn	Sport dreieinhalbfache Schraube 转体三周半 zhuǎntǐ sān zhōu bàn
轴 軸 zhóu	*Rolle, Spule, Spindel; Achse, Welle; axial*	
	ZW für Rollbilder ⇨ 幅 fú, 堂 táng, 帧 zhēn	1 Porträt(rollbild) ⇨ 幅 fú 一轴人物画 yī zhóu rénwùhuà
	Rolle, Spule ⇨ 本 běn, 卷 juǎn, 盘 pán	1 Fadenrolle/-spule 一轴线 yī zhóu xiàn
株 zhū	*Stamm; Stängel; Pflanze*	
	ZW für (Beeren-) Sträucher und (Obst-) Bäume ⇨ 棵 kē	1 Maulbeerbaum 一株桑树 yī zhū sāngshù 1 Aprikosenbaum 一株杏树 yī zhū xìngshù 1 Apfelbaum 一株苹果树 yī zhū píngguǒshù 1 Himbeerstrauch 一株覆盆子 yī zhū fùpénzǐ 1 Stachelbeerstrauch 一株醋栗 yī zhū cùlì
烛 燭 zhú	*Kerze; etw erleuchten*	
	Watt[45] (nur für Beleuchtungskörper)	40-Watt-Glühbirne ⇨ 支 zhī 四十烛灯泡 sìshí zhú dēngpào

---

[45] *dürfte hier eher als Angabe der Leuchtkraft zu verstehen sein, denn als physikalischer Wert der Leistungsaufnahme (wie z.B. auch in der veralteten Maßeinheit der Lichtstärke Hefner-Kerze (HK)* 亥夫纳烛光 hàifúnà zhúguāng*)*

<table>
<tr><td rowspan="2">转
轉
zhuàn</td><td colspan="2">sich drehen, rotieren; herumschlendern, bummeln
(beachte 转 zhuǎn: Wendung, Kehre; 转 zhuǎi: sich gewählt ausdrücken)</td></tr>
<tr><td>Umdrehung
⇨ 周 zhōu</td><td>3000 Umdrehungen pro Minute (U/min)
三千转每分钟
sānqiān zhuàn měi fēnzhōng</td></tr>
<tr><td rowspan="3">桩
樁
zhuāng</td><td colspan="2">Pfahl, Stange</td></tr>
<tr><td>ZW für Angelegenheiten
⇨ 件 jiàn, 宗 zōng</td><td>1 Geschäft(sabschluss) ⇨ 票 piào
一桩买卖 yī zhuāng mǎimai
1 wichtige Angelegenheit ⇨ 档 dàng
一桩大事 yī zhuāng dàshì
1 Kleinigkeit
一桩小事 yī zhuāng xiǎoshì</td></tr>
<tr><td>Fall
⇨ 格 gé, 起 qǐ</td><td>1 Glücksfall/Hochzeit
一桩喜事 yī zhuāng xǐshì
1 Scheidungsfall
一桩离婚案子 yī zhuāng líhūn ànzi</td></tr>
<tr><td rowspan="2">幢
zhuàng</td><td colspan="2">ZW für große Gebäude (beachte 幢 chuáng: Standarte; buddhistische Stele)</td></tr>
<tr><td>ZW für große Gebäude
(aus mehreren Etagen, Eingängen etc. bestehend)
⇨ 栋 dòng, 所 suǒ, 座 zuò</td><td>1 dreistöckiges Haus
一幢三层楼房
yī zhuàng sān céng lóufáng
einige Gebäude/Häuser
几幢房屋 jǐ zhuàng fángwū</td></tr>
<tr><td rowspan="2">桌
zhuō</td><td colspan="2">Tisch</td></tr>
<tr><td>Tisch mit (geladenen) Gästen
(beachte: 1 Tisch: 一张桌子 yī zhāng zhuōzi)</td><td>3 Tische mit Gästen
三桌客人 sān zhuō kèrén
Bankett mit 3 Tischen ⇨ 席 xí
三桌酒席 sān zhuō jiǔxí
Gedeck für 3 Tische ⇨ 客 kè
三桌酒菜 sān zhuō jiǔcài
1 Tisch reservieren
预订一桌饭 yùdìng yī zhuō fàn</td></tr>
</table>

<table>
<tr><td rowspan="4">子
zǐ</td><td colspan="2">Junge, Sohn; Meister; kleines Ding</td></tr>
<tr><td>Bund (langer fadenförmiger Dinge)
⇨ 串 chuàn, 簇 cù, 捆 kǔn</td><td>1 Bund Seidengarn ⇨ 卷 juǎn, 支 zhī
一子儿丝 yī zǐr sī
1 Bund Fadennudeln
一子儿挂面 yī zǐr guàmiàn</td></tr>
<tr><td>Zählwortsuffix</td><td>diese Akten(kundige) Sache/Angelegenheit
这档子事 zhè dàngzi shì
eine gute Weile gewartet haben
等了好一阵子 děng le hǎo yī zhènzi
ein Leben lang
一辈子 yī bèizi</td></tr>
<tr></tr>
<tr><td rowspan="4">宗
zōng</td><td colspan="2">Ahn, Vorfahr; Sekte, Fraktion, Schule; Ziel, Zweck</td></tr>
<tr><td>ZW für (Herzens-) Angelegenheiten
⇨ 件 jiàn, 桩 zhuāng</td><td>1 inneres Anliegen / Herzensbedürfnis
一宗心事 yī zōng xīnshì</td></tr>
<tr><td>ZW für Geldsummen
⇨ 笔 bǐ</td><td>1 Kredit
一宗贷款 yī zōng dàikuǎn</td></tr>
<tr><td>Haufen, Menge
(meist zusammen mit 大 dà)
⇨ 簇 cù, 撮 cuō, 堆 duī, 些 xiē</td><td>1 Haufen Waren
一大宗货物 yī dà zōng huòwù</td></tr>
<tr><td rowspan="2">组
組
zǔ</td><td colspan="2">organisieren, gründen, bilden</td></tr>
<tr><td>Satz, Serie
⇨ 副 fù, 套 tào</td><td>1 Satz Batterien ⇨ 节 jié
一组电池 yī zǔ diànchí
1 Satz Briefmarken
一组邮票 yī zǔ yóupiào
1 Liederfolge ⇨ 阕 què, 首 shǒu, 支 zhī
一组歌 yī zǔ gē
1 (Schnapp-)Schussserie
一组镜头 yī zǔ jìngtóu
2 Generatoren ⇨ 台 tái
两组发电机 liǎng zǔ fādiànjī</td></tr>
</table>

Zeichen	Bedeutung	Beispiele
	Gruppe, Team ⇨ 班 bān, 帮 bāng, 拨 bō, 茬 chá, 撮 cuō, 队 duì, 股 gǔ, 伙 huǒ, 批 pī, 起 qǐ, 群 qún	1 Team fähiger/talentierter Männer ⇨ 条 tiáo 一组能人 yī zǔ néngrén
钻 鑽 zuàn	*bohren; Bohrer; Diamant, Juwel* (beachte 钻 zuān: *in etw eindringen*)	
	Stein (im Uhrwerk)	Armbanduhr mit 17 Steinen ⇨ 块 kuài 十七钻手表 shíqī zuàn shǒubiǎo
尊 zūn	*j-n achten, j-n verehren; hochgestellt, (dienst-)älter*	
	ZW für Statuen ("unbewegliche Objekte")	1 Bronzestatue 一尊铜像 yī zūn tóngxiàng 1 Buddhastatue 一尊佛像 yī zūn fóxiàng 1 Kanone ⇨ 门 mén 一尊大炮 yī zūn dàpào
撮 zuǒ	*Büschel* ⇨ 撮 cuō	
	(Haar-)Büschel ⇨ 把 bǎ, 簇 cù, 墩 dūn, 蓬 péng	1 Haarbüschel ⇨ 绺 liǔ , 缕 lǚ 一撮毛 yī zuǒ máo 1 Gamsbart ⇨ 缕 lǚ, 撇 piě 一撮山羊胡子 yī zuǒ shānyáng húzi
座 zuò	*Sitz, Platz; Ständer, Gestell, Sockel; Sternbild*	
	ZW für Bauwerke	1 Brücke ⇨ 孔 kǒng 一座桥 yī zuò qiáo 1 Grabmal 一座坟 yī zuò fén 1 Staudamm 一座拦河坝 yī zuò lánhébà 1 Standuhr 一座钟 yī zuò zhōng

	ZW für Berge und Hügel ⇨ 架 jià	1 Berg 一座山 yī zuò shān 1 Hügel 一座山丘 yī zuò shānqiū 1 Ameisenhügel ⇨ 列 liè, 窝 wō, 只 zhī 一座蚂蚁丘 yī zuò mǎyǐqiū
	ZW für Gebäude ⇨ 栋 dòng, 所 suǒ, 幢 zhuàng	1 Wohnhaus 一座宅子 yī zuò zháizi 1 Pagode ⇨ 级 jí 一座塔 yī zuò tǎ 1 Palast 一座官殿 yī zuò guāndiàn

Maßeinheiten

Vorsätze

Die Bedeutung der Vorsätze hat sich im Laufe der Zeit gewandelt. Die Tabelle auf der folgenden Seite gibt sowohl die pre-metrischen (pre[46]), wie auch die im Kaiserreich China (KRC[47]), in der Republik China (RC[48]) und in der Volksrepublik China (VRC[49]) verwendeten Vorsätze an.

[46] Hier werden die auf dem jeweils 10-fachen basierenden Vorsätze angegeben. Die selben chinesischen Zeichen wurden aber auch in anderen Systemen verwendet, die z.B. auf dem 10000-fachen oder dem Quadrat beruhten.

[47] Im Reichs-Gesetzblatt (ausgegeben zu Berlin den 5. September 1876) wurde die Internationale Meterkonvention (Convention internationale du mètre) vom 20.5.1875 für Deutschland zum Gesetz erhoben. Die von 5 Kaisern (at,br,de,ru,tr), 6 Königen (be,dk,es,it,pt,se) und 6 Präsidenten (ar,ch, fr,pe,us,ve) gewollte Meterkonvention dürfte in der Folgezeit auch das chinesische Maßsystem beeinflusst haben.

[48] Die Republik China wurde am 1.1.1912 ausgerufen. Die angegebenen Vorsätze werden heute noch in Taiwan verwendet.

[49] Die Volksrepublik China wurde am 1.10.1949 gegründet.

Vorsatz		Wert	pre	KRC	RC	VRC
Yocto	y	10^{-24}			攸 yōu	幺 yāo
Zepto	z	10^{-21}			介 jiè	仄 zè
Atto	a	10^{-18}		渺 miǎo	阿 ā	阿 ā
Femto	f	10^{-15}		尘 chén	飛 fēi	飞 fēi
Piko	p	10^{-12}	漠 mò	沙 shā	皮 pí	皮 pí
		10^{-11}	渺 miǎo			
		10^{-10}	埃 āi			
Nano	n	10^{-9}	尘 chén	纤 xiān	奈 nài	纳 nà
		10^{-8}	沙 shā			
		10^{-7}	纤 xiān			
Mikro	µ	10^{-6}	微 wēi	微 wēi	微 wēi	微 wēi
		10^{-5}	忽 hū	忽 hū	忽 hū	忽 hū
		10^{-4}	絲 sī	絲 sī	絲 sī	丝 sī
Milli	m	10^{-3}	毫 háo	毫 háo	毫 háo	毫 háo
Zenti	c	10^{-2}	厘 lí	厘 lí	厘 lí	厘 lí
Dezi	d	10^{-1}	分 fēn	分 fēn	分 fēn	分 fēn
Deka	da	10^{1}	十 shí	十 shí	十 shí	十 shí
Hekto	h	10^{2}	百 bǎi	百 bǎi	百 bǎi	百 bǎi
Kilo	k	10^{3}	千 qiān	千 qiān	千 qiān	千 qiān
		10^{4}	万 wàn	万 wàn	万 wàn	万 wàn
		10^{5}	亿 yì			
Mega	M	10^{6}	兆 zhào	兆 zhào	百万 bǎiwàn	兆 zhào
		10^{7}	京 jīng			
		10^{8}	垓 gāi	亿 yì	亿 yì	亿 yì
Giga	G	10^{9}	秭 zǐ	京 jīng	吉 jí	吉 jí
		10^{10}	穰 ráng			
		10^{11}	沟 gōu			
Tera	T	10^{12}	涧 jiàn	垓 gāi	兆 zhào	太 tài
		10^{13}	正 zhēng			
		10^{14}	载 zài			
Peta	P	10^{15}		秭 zǐ	拍 pāi	拍 pāi
Exa	E	10^{18}		穰 ráng	艾 ài	艾 ài
Zetta	Z	10^{21}			皆 jiē	泽 zé
Yotta	Y	10^{24}			佑 yòu	尧 yáo

Historische Maßeinheiten

Die folgende Tabelle enthält historische chinesische Maßeinheiten, die in verschiedenen Quellen als ZEW[50] gekennzeichnet sind. Sie ist nicht das Ergebnis ausgeklügelter Recherche, sondern enthält eher Zufallsfunde und erhebt keinerlei Anspruch auf Vollständigkeit.

Ursprünglich waren diese Maßeinheiten Bestandteil meiner Sammlung von Zähleinheitswörtern. Erst bei der Aufarbeitung des Materials habe ich mich dafür entschieden, sie in einer eigenen Tabelle aufzuführen. Aufgenommen wurden mehr oder weniger nur Maßeinheiten, die irgendwann irgendwie standardisiert wurden und/oder definierte Beziehungen haben. Maßeinheiten, denen diese Qualitäten fehlen[51] (z.B. "Fingerbreit"), habe ich in der Liste der ZEW belassen[52]. Chinesische Zeichen, die mehrere Bedeutungen als Zähleinheitswort haben, werden allumfassend in der Liste der ZEW und, mit ihrer Bedeutung als Maßeinheit, in der folgenden Tabelle aufgeführt.

Die in der Tabelle angegebenen Maßentsprechungen im metrischen System basieren in der Regel auf dem "städtischen"[53] chinesischen Maßsystem.

hist chin Einheit	hist dt Äquivalent	Bezug	entspricht
步 bù		5 尺 chǐ	5/3 m
尺 chǐ	Elle	10 寸 cùn	1/3 m
寸 cùn	chin Zoll[54]	10 分 fēn	1/3 dm
撮 cuō	Milliliter		1 ml
石 dàn	Metze[55], Hektoliter		100 l
担 (擔) dàn	Zentner		50 kg
斗 dǒu	Dekaliter	10 升 shēng	10 l

---

[50] *Chinesische Wörterbücher machen normalerweise keinen Unterschied zwischen Zählwörtern, Zähleinheiten und Maßeinheiten, als Abkürzung der Kategorie wird für alle* 量 liàng *verwendet.*

[51] *manchmal vielleicht auch nur, weil sie in den Wörterbüchern nicht angegeben wurden*

[52] *Ein besonderer Fall ist die Maßeinheit "Klafter". Hier gibt es sowohl chinesische Ausdrücke mit Bezugsangaben (in die Tabelle der historischen Maßeinheiten aufgenommen) als auch rein körperbezogene Ausdrücke (in der Liste der ZEW belassen).*

[53] *Offiziell wurde diesen Maßeinheiten* 市 shì *vorangesetzt, um sie von regional unterschiedlichen Auslegungen abzugrenzen. Z.B. wurde das regional wahrscheinlich unterschiedliche Pfund* 斤 jīn *als "städtisches" Pfund* 市斤 shìjīn *auf ein einheitliches Gewicht festgelegt. Heutzutage wird in der Umgangssprache Pfund* 斤 jīn *generell als 1/2 kg verstanden (und ist auf Märkten noch häufig im Gebrauch). Mit dem neueren Vorsatz* 公 gōng *("amtlich") werden einige alte Maßeinheiten nun für das metrische System verwendet: Ein "amtliches" Pfund* 公斤 gōngjīn *ist ein Kilogramm.*

[54] *das britische Zoll (Inch,* 英寸 yīngcùn*) entspricht 2,54 cm*

[55] *hist dt Handelsmaß für getrocknetes Schüttgut: je nach Region 1 Metze = 3,4 bis 80 Liter*

hist chin Einheit	hist dt Äquivalent	Bezug	entspricht
分 fēn			1/3 cm
		10 厘 lí	1/150 ha
			1/2 g
合 gě	Metze[56], Deziliter		1/10 l
弓 gōng	Doppelschritt	5 尺 chǐ	5/3 m
毫 háo			1/30 mm
			1/200 g
忽 hū			1/100 mm
斛 hú	Metze[57]	5 斗 dǒu oder 10 斗 dǒu	50 l oder 100 l
锾 (鍰) huán		6 两 liǎng	187,5 g
斤 jīn	Pfund	10 两 liǎng	500 g
钧 (鈞) jūn		30 斤 jīn	15 kg
克 kè[58,59]		25 斤 jīn	1/4 Zentner
		1 亩 mǔ	1/15 ha
厘 (釐) lí			1/3 mm
			6,667 m^2
			1/20 g
里 lǐ	chin Meile		1/2 km
两 (兩) liǎng	Tael[60], Feinunze[61]	24 铢 zhū	31 - 45 g[62]
		10 钱 qián	50 g
亩 (畝) mǔ		10 分 fēn	1/15 ha
匹 pǐ		4 丈 zhàng	13,333 m
钱 (錢) qián		10 分 fēn	5 g
顷 (頃) qǐng			6,67 ha
仞 rèn	Körperlänge[63]	7 - 8 尺 chǐ	2,3 - 2,7 m

[56] *dt hist: "Er hat wohl drei Metzen Bohnen gegessen"*

[57] *hist dt Handelsmaß für getrocknetes Schüttgut: je nach Region 1 Metze = 3,4 bis 80 Liter*

[58] *im modernen Chinesisch Maßeinheit Gramm*

[59] *tibetische Maßeinheit, dortselbst bis 1959 verwendet*

[60] *leitet sich über das Portugiesische vom malaiischen Wort "tahil" her*

[61] *Gewichtseinheit für Edelmetalle*

[62] *regional und zeitlich unterschiedlich, heutzutage exakt 31,1034768 g ("Troy Ounce")*

[63] *Die alten Chinesen müssen arg lang gewesen sein - Das ist ein Beispiel, wie im Laufe der Zeit ursprünglich auf Körpermaßen beruhende Maße genormt und dabei eventuell verfremdet wurden.*

hist chin Einheit	hist dt Äquivalent	Bezug	entspricht
垧 shǎng	Nordostchina	15 亩 mǔ	1 ha
	Nordwestchina	3 oder 5 亩 mǔ	1/5 oder 1/3 ha
勺 sháo	Löffel	10 撮 cuō	1 cl
舍 shè		30 里 lǐ	15 km
丝 (絲) sī		1/10000 斤 jīn	0,5 mg
庹 tuǒ	Klafter	5 尺 chǐ	5/3 m
寻 (尋) xún	Klafter	8 尺 chǐ	2,333 m
引 yǐn		10 丈 zhàng	33,333 m
丈 zhàng		10 尺 chǐ	3,333 m
咫 zhǐ	Elle	8 寸 cùn	26,667 cm
铢 (銖) zhū		1/24 两 liǎng	ca. 2 g
锱 (錙) zī		1/4 两 liǎng	ca. 10 g

Deutsche Maßeinheiten

Die folgende Tabelle listet deutsche Längen-, Flächen-, Raum-, Hohl- und Gewichtsmaße mit ihren chinesischen Übersetzungen auf.

Maßeinheit	Zeichen	Chinesisch	hist chin Äquivalent
Mikrometer	µm	微米 wēimǐ	
1/100 Millimeter		忽米 hūmǐ	
1/10 Millimeter		丝米 sīmǐ	
Millimeter	mm	毫米 háomǐ	3 市厘 shìlí
Zentimeter	cm	厘米 límǐ	3 市分 shìfēn
Dezimeter	dm	分米 fēnmǐ	3 市寸 shìcùn
Meter	m	米 mǐ	3 市尺 shìchǐ
Dekameter	dam	十米 shímǐ	3 市丈 shìzhàng
Hektometer	hm	百米 bǎimǐ	
Kilometer	km	公里 gōnglǐ	2 市里 shìlǐ
Quadratmeter	m^2	平方米 píngfāngmǐ	
Ar	a	公亩 gōngmǔ	
Hektar	ha	公顷 gōngqǐng	
Quadratkilometer	km^2	平方公里 píngfānggōnglǐ	

Maßeinheit	Zeichen	Chinesisch	hist chin Äquivalent
Milliliter	ml	毫升 háoshēng	
Kubikzentimeter	cm^3	立方厘米 lìfānglímǐ	
Zentiliter	cl	厘升 líshēng	
Deziliter	dl	分升 fēnshēng	1 市合 shìgě
Liter	l	升 shēng	1 市升 shìshēng
Kubikdezimeter	dm^3	立方分米 lìfāngfēnmǐ	
Dekaliter	dal	十升 shíshēng	1 市斗 shìdǒu
Hektoliter	hl	百升 bǎishēng	1 市石 shìdàn
Kiloliter (entspricht m^3)	kl	千升 qiānshēng	
Kubikmeter	m^3	立方米 lìfāngmǐ	
Karat (0,2 g) ⇨ 开 kāi	k, carat	克拉 kèlā	
Mikrogramm	µg	微克 wēikè	
Milligramm	mg	毫克 háokè	
Dezigramm	dg	分克 fēnkè	2 市厘 shìlí
Gramm	g	克 kè	2 市分 shìfēn
Dekagramm	dag	十克 shíkè	2 市钱 shìqián
Hektogramm	hg	百克 bǎikè	2 市两 shìliǎng
Pfund[64]	℔ (lb)	斤 jīn	
Kilogramm	kg	公斤 gōngjīn 千克 qiānkè	2 市斤 shìjīn
Zentner	Ztr	担 dàn	
Quintal[65] (Doppelzentner)	q	公担 gōngdàn	2 市担 shìdàn
Tonne	t	吨 dūn	

[64] *hist meist 400 bis 500 g; in Dtl. 1858 auf 500 g festgelegt; seit 1884 nicht mehr gesetzlich gültig, umgangssprachlich regional aber noch immer gebräuchlich*

[65] *im metrischen System 100 kg; hist: Großbritannien 45,4 kg, Belgien und Luxemburg 47 kg, Frankreich 48,95 kg*

Angelsächsische Maßeinheiten

Die folgende Tabelle listet angelsächsische[66] Längen-, Flächen-, Raum-, Hohl- und Gewichtsmaße mit ihren chinesischen Übersetzungen auf.

Maßeinheit	**Deutsch**	**Chinesisch**	**entspricht**
Inch	Zoll	英寸 yīngcùn	2,5400 cm
Foot (12 Inches)	Fuß	英尺 yīngchǐ	0,3018 m
Yard (3 Feet)		码 mǎ	0,9144 m
Mile (hist League)	Meile	英里 yīnglǐ, 迈 mài[67]	1,6093 km
Square Inch	Quadratzoll	平方英寸 píngfāngyīngcùn	6,4516 cm^2
Square Foot	Quadratfuß	平方英尺 píngfāngyīngchǐ	0,0929 m^2
Square Yard		平方码 píngfāngmǎ	0,8361 m^2
Acre		英亩 yīngmǔ	40,4686 a
Square Mile	Quadratmeile	平方英里 píngfāngyīnglǐ	2,5900 km^2
Cubic Inch	Kubikzoll	立方英寸 lìfāngyīngcùn	16,3871 cm^3
Cubic Foot	Kubikfuß	立方英尺 lìfāngyīngchǐ	0,0283 m^3
Cubic Yard		立方码 lìfāngmǎ	0,7646 m^3
Gill		及尔 jí'ěr	0,14207 l
Pint (4 Gills)	Pinte	品脱 pǐntuō	0,56826 l
Quart (2 Pints)		夸脱 kuātuō	1,1365 l
Gallon (4 Quarts)	Gallone	加仑 jiālún	4,5461 l
Peck (2 Gallons)		配克 pèikè	9,0922 l
Bushel (4 Pecks)		蒲式耳 púshì'ěr	36,3688 l
Barrel		桶油 yītǒng	ca. 159 l
Grain	Gran	格令 gélìng	0,0648 g
Dram	Drachme	打兰 dǎlán	1,7718 g
Ounce (16 Drams)	Unze	盎司 àngsī	28,3495 g
Pound (16 Ounces)	Pfund	磅 bàng ⇨ hist ME 斤 jīn	0,4536 kg
Short Ton (2000 Pound)	Am. Tonne	美吨, 短吨 měi-/duǎndūn	907,1849 kg
Long Ton (2240 Pound)	Brit. Tonne	英吨,长吨 yīng-/chángdūn	1016,0470 kg

---

[66] Diese Maßeinheiten werden heutzutage fast nur noch in Großbritannien, in den britischen Commonwealth-Staaten und in den USA verwendet.

[67] wird in Verbindung mit 速度 sùdù (Geschwindigkeit) auch als Abkürzung für Meilen pro Stunde verwendet (50 mph ≈ 80 km/h)

SI-Einheiten

Größe	Einheit	Zeichen	Chinesisch
SI-Basiseinheiten[68]			
Länge 长度 chángdù	Meter	m	米 mǐ
Masse 质量 zhìliàng	Kilogramm	kg	千克 qiānkè 公斤 gōngjīn
Zeit 时间 shíjiān	Sekunde	s	秒 miǎo
Stromstärke 电流 diànliú	Ampere	A	安 ān 安培 ānpéi
Temperatur 热力学温度 rèlìxué wēndù	Kelvin	K	开 kāi 开尔文 kāi'ěrwén
Stoffmenge 物质的量 wùzhì de liàng	Mol	mol	摩 mó 摩尔 mó'ěr
Lichtstärke 发光强度 fāguāng qiángdù	Candela[69]	cd	坎 kǎn 坎德拉 kǎndélā
Ergänzende SI-Einheiten			
Ebener Winkel 平面角 píngmiànjiǎo	Radiant	rad	弧度 húdù
Raumwinkel 立体角 lìtǐjiǎo	Steradiant	sr	球面度 qiúmiàndù
Abgeleitete SI-Einheiten			
Frequenz 频率 pínlǜ	Hertz	Hz s^{-1}	赫 hè 赫兹 hèzī
Kraft 力 lì, 重力 zhònglì	Newton	N $kg \cdot m/s^2$	牛 niú 牛顿 niúdùn
Druck; Spannung 压力 yālì, 压强 yāqiáng; 应力 yìnglì	Pascal	Pa N/m^2	帕 pà 帕斯卡 pàsīkǎ
Energie 能量 néngliàng, 功 gōng, 热 rè	Joule	J $N \cdot m$	焦 jiāo 焦耳 jiāo'ěr

68 *Système international d'unités (Internationales Einheitensystem)*
69 *Alte deutsche Bezeichnung: Neue Kerze (NK)*

Größe	Einheit	Zeichen	Chinesisch
Leistung 功率 gōnglǜ, 辐射通量 fúshè tōngliàng	Watt	W J/s	瓦 wǎ 瓦特 wǎtè
Elektrizitätsmenge 电荷量 diànhèliàng	Coulomb	C A·s	库 kù 库仑 kùlún
Elektrische Spannung 电位 diànwèi, 电压 diànyā, 电动势 diàndòngshì	Volt	V W/A	伏 fú 伏特 fútè
Elektrische Kapazität 电容 diànróng	Farad	F C/V	法 fǎ 法拉 fǎlā
Elektrischer Widerstand 电阻 diànzǔ	Ohm	Ω V/A	欧 ōu 欧姆 ōumǔ
Elektrischer Leitwert 电导 diàndǎo	Siemens	S A/V	西 xī 西门子 xīménzǐ
Magnetischer Fluss 磁通量 cí tōngliàng	Weber	Wb V·s	韦 wéi 韦伯 wéibó
Magnetische Flussdichte 磁通量密度 cí tōngliàng mìdù, 磁感应强度 cí gǎnyìng qiángdù	Tesla	T Wb/m^2	特 tè 特斯拉 tèsīlā
Induktivität 电感 diàngǎn	Henry	H Wb/A	亨 hēng 亨利 hēnglì
Lichtstrom 光通量 guāng tōngliàng	Lumen	lm cd·sr	流 liú 流明 liúmíng
Beleuchtungsstärke 光照度 guāngzhàodù	Lux	lx lm/m^2	勒 lè 勒克斯 lèkèsī
Aktivität 放射性活度 fàngshèxìng huódù	Becquerel	Bq s^{-1}	贝可 bèikè[70] 贝可勒尔 bèikèlè'ěr
Energiedosis 吸收剂量 xīshōujìliàng	Gray	Gy J/kg	戈 gē 戈瑞 gēruì
Äquivalentdosis 剂量当量 jìliàng dāngliàng	Sievert	Sv J/kg	希 xī 希沃特 xīwòtè
Weitere international gebräuchliche Basis-Einheiten			
Verhältnisgrößen 级差 jíchā	Bel	B	贝 bèi

70 *Schreibweise nicht standardisiert. Gebräuchlich sind u.a.* 贝可 bèikè, 贝克 bèikè, 柏克 bǎikè.

Größe	Einheit	Zeichen	Chinesisch
binäre Informationseinheit 二进制数信息单位 èrjìnzhì xìnxī dānwèi	Bit	bit	位 wèi 二进制位 èrjìnzhìwèi
Informationseinheit 信息单位 xìnxī dānwèi	Byte	B	字节 zìjié 二进位组 èrjìnwèizǔ

SI-fremde Maßeinheiten

Die folgende Tabelle zeigt Maßeinheiten, die nicht dem internationalen Einheitensystem entsprechen. Manche dieser Maßeinheiten sind in verschiedenen Ländern nicht mehr oder nur noch beschränkt gesetzlich gültig.

Maßeinheit	Zeichen	Chinesisch	entspricht
Länge 长度 chángdù			
Astronomische Einheit	AE	天文单位 tiānwén dānwèi	$149{,}598 \cdot 10^9$ m
Lichtjahr	ly	光年 guāngnián	$9{,}4605 \cdot 10^{15}$ m
Parsec	pc	秒差距 miǎochājù	$30{,}857 \cdot 10^{15}$ m
Ångström	Å	埃 āi	10^{-10} m
Seemeile	sm	海里 hǎilǐ	1852 m
Kabellänge (1/10 sm)		链 liàn	185,2 m
Brechkraft 光焦度 guāngjiāodù			
Dioptrie	dpt	屈光度 qūguāngdù	$1\ m^{-1}$
Fläche 面积 miànjī			
Ar	a	公亩 gōngmǔ	$100\ m^2$
Hektar	ha	公顷 gōngqǐng	$10000\ m^2$
Barn	b	靶(恩) bǎ('ēn)	$10^{-28}\ m^2$
Volumen 体积 tǐjī			
Liter	l	升 shēng	$10^{-3}\ m^3$
Bruttoregistertonne	BRT	总登记吨 zǒngdēngjìdūn	$2{,}8316\ m^3$

Maßeinheit	Zeichen	Chinesisch	entspricht
Ebener Winkel 平面角 píngmiànjiǎo			
Grad	°	度 dù	$\pi/180 =$ $17{,}45329 \cdot 10^{-3}$ rad
(Winkel-)Minute	'	(角)分 (jiǎo)fēn	$\pi/10800 =$ $0{,}290888 \cdot 10^{-3}$ rad
(Winkel-)Sekunde	"	(角)秒 (jiǎo)miǎo	$\pi/648000 =$ $4{,}848137 \cdot 10^{-6}$ rad
Gon, Neugrad	gon	百分度 bǎifēndù	$\pi/200 =$ $15{,}70796 \cdot 10^{-3}$ rad
Zeit 时间 shíjiān			
Minute	min	分 fēn	60 s
Stunde	h	小时 xiǎoshí	3600 s
Tag	d	天 tiān, 日 rì	86400 s
Jahr	a	年 nián	$31{,}536 \cdot 10^{6}$ s
Geschwindigkeit 速度 sùdù			
Kilometer pro Stunde	km/h	公里/小时 gōnglǐ/ xiǎoshí	0,277778 m/s
Knoten	kn	节 jié	0,514444 m/s 1,852 km/h
Beschleunigung 加速度 jiāsùdù			
Gal	Gal	伽 jiā	0,01 m/s^2
Masse 质量 zhìliàng			
Tonne	t	吨 dūn	1000 kg
Atomare Maßeinheit[71]	u	原子质量单位 yuánzǐ zhìliàng dānwèi	$1{,}66057 \cdot 10^{-27}$ kg
Karat ⇨ 开 kāi	k, carat	克拉 kèlā	$2 \cdot 10^{-4}$ kg (0,2 g)

[71] *Der angegebene Wert liegt je nach Quelle zwischen 1,66054 und 1,66057·10⁻²⁷ kg*

Maßeinheit	Zeichen	Chinesisch	entspricht
Kraft 力 lì, 重力 zhònglì			
Kilopond	kp	公斤力 gōngjīnlì 千克力 qiānkèlì	9,80665 N
Dyn	dyn	达因 dáyīn	10^{-5} N
Druck 压力 yālì, 压强 yāqiáng; **Spannung** 应力 yìnglì			
Bar	bar	巴 bā	10^5 Pa
Pounds per Square Inch (Pfund pro Quadratzoll)	PSI	磅/平方英寸 bàng/píngfāngyīngcùn	$6{,}89475 \cdot 10^3$ Pa
technische Atmosphäre	at (kp/cm^2)	工程大气压 gōngchéng dàqìyā	$98{,}0665 \cdot 10^3$ Pa
physikalische Atmosphäre	atm	标准大气压 biāozhǔn dàqìyā	$101{,}325 \cdot 10^3$ Pa
Millimeter Wassersäule	mm WS	毫米水柱 háomǐ shuǐzhù	9,80665 Pa
Millimeter Quecksilbersäule	mm Hg	毫米汞柱 háomǐ gǒngzhù	133,322 Pa
Torr	Torr	托 tuō	133,322 Pa
Viskosität 粘度 niándù			
Poise (dynamische Viskosität)	P	泊 pō	0,1 Pa·s
Stokes (kinetische Viskosität)	St	斯托克斯 sītuōkèsī	10^{-4} m^2/s
Feinheit 线密度 xiànmìdù			
Tex	tex	特(克斯) tè(kèsī)	10^{-6} kg/m (1 g/km)
Denier	den	旦(尼尔) dàn(ní'ěr)	$1{,}111 \cdot 10^{-7}$ kg/m (1 g / 9000 m)
Körnung[72] 粒度 lìdù			
Mesh	Mesh	目(数) mù(shù)	Maschen pro Zoll[73]

[72] *von Siebgut wie Sand und Granulate*

[73] *Da der Maschendraht eines Siebes auch seine Dicke hat, ist die Korngröße des Siebguts kleiner als das Ergebnis der Division von Zoll durch Meshzahl. Bei 100 Mesh beträgt die Korngröße üblicherweise knapp 0,15 mm. Es gibt aber stark abweichende Normen wie FEPA und JIS.*

Maßeinheit	Zeichen	Chinesisch	entspricht
Sedimentationsgeschwindigkeit 沉降速度 chénjiàng sùdù			
Svedberg[74]	S	沉降单位 S chénjiàng dānwèi S[75]	10^{-13} s
Energie (Wärmemenge) 能量 néngliàng, 功 gōng, 热 rè			
Erg	erg	尔格 ěrgé	10^{-7} J
Kilowattstunde	kWh	度(电) dù(diàn)	$3{,}6 \cdot 10^{6}$ J
Elektronenvolt	eV	电子伏(特) diànzǐfú(tè)	$0{,}160219 \cdot 10^{-18}$ J
Kalorie	cal	卡 kǎ[76]	4,1868 J
Leistung 功率 gōnglǜ			
Pferdestärke	PS	马力 mǎlì	735,49875 W
Lichtstärke 发光强度 fāguāng qiángdù			
Hefner-Kerze	HK	亥夫纳烛光 hàifúnà zhúguāng	0,903 cd
Leuchtdichte 光亮度 guāngliàngdù			
Stilb	sb	熙提 xītí	10^{4} cd/m^{2}
Apostilb	asb	阿熙提 āxītí	$1/\pi$ = 0,31831 cd/m^{2}
Beleuchtungsstärke 光照度 guāngzhàodù			
Phot	ph	辐透 fútòu	10^{4} lx
Aktivität 放射性活度 fàngshèxìng huódù			
Curie	Ci	居里 jūlǐ	$37 \cdot 10^{9}$ Bq
Exposition 照射量 zhàoshèliàng			
Röntgen	R	伦琴 lúnqín	$0{,}256 \cdot 10^{-3}$ C/kg
Energiedosis 吸收剂量 xīshōujìliàng			
Rad	rd	拉德 lādé	10^{-2} Gy

[74] *Der Namensgeber Svedberg heißt auf Chinesisch* 斯韦德贝里 sīwéidébèilǐ

[75] *Leider habe ich keine echte chinesische Abkürzung für diese Maßeinheit gefunden. Vielleicht gibt es auch gar keine, da selbst bei der Numerierung von Hauseingängen in China (zumindest in Shenzhen) mittlerweile das englische Alphabet verwendet wird.*

[76] *umgangssprachlich auch* 高热力 gāorèlì

Maßeinheit	Zeichen	Chinesisch	entspricht
Äquivalentdosis 剂量当量 jìliàng dāngliàng			
Rem (roentgen equivalent man)	rem	雷姆 léimǔ	10^{-2} Sv
Magnetische Induktion 磁感应强度 cígǎnyìng qiángdù			
Gauß	G	高斯 gāosī	10^{-4} T
Magnetische Feldstärke 磁场强度 cíchǎng qiángdù			
Oersted	Oe	奥斯特 àosītè	$10^3/4\pi$ = 79,5775 A/m
Magnetischer Fluss 磁通量 cí tōngliàng			
Maxwell	M	麦 mài 麦克斯韦 màikèsīwéi	10^{-8} Wb
Elektrischer Leitwert 电导 diàndǎo			
Mho[77]	Mho	姆 mǔ 姆欧 mǔ'ōu	1 S
Temperatur 温度 wēndù			
Grad Celsius	°C	摄氏度 shèshìdù	0 °C = 273,15 K 100 °C = 373,15 K
Grad Fahrenheit	°F	华氏度 huáshìdù	0 °F = -17,78 °C 0 °C = 32 °F 100 °C = 212 °F
Grad Reaumur	°R	列氏度 lièshìdù	0 °C = 0 °R 100 °C = 80 °R

[77] *Mho ist der Kehrwert des elektrischen Widerstandes (also 1/Ω oder Ampere/Volt). Der Name Mho erklärt sich leicht, wenn man ihn rückwärts liest.*

Währungseinheiten

Die folgende Tabelle enthält eine Liste ausgewählter internationaler Währungseinheiten (货币单位 huòbì dānwèi)[78].

Afghani	阿富汗尼 āfùhànní	Leu	列伊 lièyī
Baht	铢 zhū	Lew	列弗 lièfú
Balboa	巴波亚 bābōyà	Lira	里拉 lǐlā
Bolivar	博利瓦 bólìwǎ	Mark	马克 mǎkè
Córdoba	科尔多瓦 kē'ěrduōwǎ	Naira	奈拉 nàilā
Cruzeiro	克鲁赛罗 kèlǔsàiluó	Peseta	比塞塔 bǐsètǎ
Dinar	第纳尔 dìnà'ěr	Peso	比索 bǐsuǒ
Dirham	迪拉姆 dílāmǔ	Pfund (Sterling)	镑 bàng
Dollar	元 yuán	Quetzal	格查尔 géchá'ěr
Drachme	德拉赫马 délàhèmǎ	Rand	兰特 lántè
Dong	盾 dùn	Rial	里亚尔 lǐyà'ěr
Euro	欧元 ōuyuán	Rubel	卢布 lúbù
Escudo	埃斯库多 āisīkùduō	Rupie	卢比 lúbǐ
Forint	福林 fúlín	Schilling	先令 xiānlìng
Franc, Franken	法郎 fǎláng	Sucre	苏克雷 sūkèléi
Gourde	古德 gǔdé	Schekel	舍克尔 shèkè'ěr
Gulden	古尔登 gǔ'ěrdēng	Tugrik	图格里克 túgélǐkè
Krone	克朗 kèlǎng	Vatu	瓦图 wǎtú
Kwacha	克瓦查 kèwǎchá	Yen	日元 rìyuán
Lek	列克 lièkè	Yuan	元 yuán
Leone	利昂 lì'áng	Zloty	兹罗提 zīluótí

[78] *Währungseinheiten, die in verschiedenen Ländern verwendet werden, werden meist durch die vorangestellte Landesbezeichnung konkretisiert (z.B. US-Dollar* 美元 *měiyuán).*

Quellenverzeichnis

Dieses Quellenverzeichnis nach herkömmlichen Methoden zu sortieren ist schier unmöglich. Deshalb folgen zuerst Wörterbücher namhafter deutscher Herausgeber und Autoren, danach chinesische Bücher (angegebene Übersetzungen der Titel und Verlage entstammen dem jeweiligen Impressum) und zum Schluss deutsche Nachschlagewerke, Lehrbücher sowie Internetreferenzen.

Fuchsenberger, Wilfried: 汉德大词典 : Chinesisch-Deutsches Universalwörterbuch.
北京 : 外文出版社 Verlag für fremdsprachige Literatur, 2002

Grimm, Jacob; Grimm, Wilhelm: Deutsches Wörterbuch : Der Digitale Grimm.
Frankfurt am Main : Zweitausendeins, 2006

Wahrig, Gerhard: Deutsches Wörterbuch. Gütersloh/München : Bertelsmann Lexikon Verlag, 2001

Wahrig-Burfeind, Renate: Deutsches Wörterbuch. Gütersloh/München : Wissen Media Verlag, 2008

德汉工程词典 : Deutsch-Chinesisches Wörterbuch der Technik.
北京 : 国防工业出版社 National Defence Industry Press, 2004

现代汉德德汉词典 : Handwörterbuch der Gegenwartssprache Chinesisch-Deutsch Deutsch-Chinesisch.
北京 : 北京大学出版社 Peking University Press, 2003

现代德汉汉德词典 : Modernes Wörterbuch Deutsch-Chinesisch Chinesisch-Deutsch.
北京 : 外语教学与研究出版社 Foreign Language Teaching And Research Press, 2003

新汉德词典 : Das Neue Chinesisch-Deutsche Wörterbuch. 北京 : 商务印书馆, 2004

新德汉词典 : Das Neue Deutsch-Chinesische Wörterbuch. 上海 : 上海译文出版社, 2002

新英汉词典 : A New English-Chinese Dictionary. 上海 : 上海译文出版社, 2003

新世纪汉英大词典 : A New Century Chinese-English Dictionary.
北京 : 外语教学与研究出版社 Foreign Language Teaching And Research Press, 2004

外国人学中国语 : Ausländer lernen Chinesisch. Beijing : Sinolingua, 2001

辞海 : CIHAI. 上海 : 上海辞书出版社, 2003

辭源 : CI YUAN. 北京 : 商務印書館, 2004

康熙字典 : KANGXI ZIDIAN. 上海 : 漢語大詞典出版社, 2002

新华词典 : XINHUA CIDIAN. 北京 : 商务印书馆辞书研究中心修订, 2003

新华大字典 : XINHUA DA ZIDIAN. 北京 : 商务印书馆国际有限公司, 2004

现代汉语词典 2002 年增补本 : XIANDAI HANYU CIDIAN. 北京 : 商务印书馆, 2003

简化字繁体字对照字典 : JIAN HUA ZI FAN TI ZI DUI ZHAO ZI DIAN. 上海 : 汉语大词典出版社, 2004

繁简字典. 吉林 : 吉林大学出版社, 2003

Bi Elementar Lexikon. Leipzig : VEB Bibliographisches Institut Leipzig, 1985

Der Große Duden Rechtschreibung. Leipzig : VEB Bibliographisches Institut Leipzig, 1979

Handwörterbuch Chinesisch. Berlin and Munich : Langenscheidt, 2002

Langenscheidts Praktisches Lehrbuch Chinesisch. Berlin and Munich : Langenscheidt, 1995

http://dict.leo.org

http://wikipedia.org

Register

Tabellen verwandter Zähleinheitswörter

Die folgenden Tabellen wurden ursprünglich zusammengestellt, um die angegebenen Querverweise zwischen den Zähleinheitswörtern zu überprüfen. Da die Tabellen aber recht interessant und aufschlussreich sind, erschien es sinnvoll, sie auch in das Buch aufzunehmen.
Der Zusammenhang zwischen den verwandten ZEW liegt meistens in gleicher oder ähnlicher Bedeutung. Bisweilen gibt es aber auch Verweise auf gegensätzliche oder nur über die deutsche Übersetzung bestehende Beziehungen.
Die Tabellenzeilen enthalten, wenn vorhanden, eine Kurzfassung der Bedeutung, unter der ein Querverweis auf das ZEW im Spaltenkopf angeführt wird.
Etliche ZEW kommen in mehreren Tabellen vor. In diesem Fall ist das Kopffeld grau hinterlegt und in der Diagonalen steht ein Verweis auf die anderen Tabellen. Der Tabellenname, auf den verwiesen wird, steht links oben in jeder Tabelle und geht von 'A' bis 'Z' und danach von '1' bis '3'.

A	艘 sōu	把 bǎ	柄 bǐng	只 zhī	杆 gǎn	架 jià	具 jù	台 tái	部 bù	版 bǎn	期 qī	份 fèn	册 cè	集 jí	卷 juàn	号 hào
艘 sōu	✦			Schiffe												
把 bǎ		⇨ NT	Gegen- stände mit Griff													
柄 bǐng		Geräte mit Stiel	✦	Geräte mit Stiel	Geräte mit Stiel	Geräte mit Stiel	Geräte mit Stiel	Geräte mit Stiel	Geräte mit Stiel							
只 zhī	kleine Wasser- fahrzeuge		kleine elektr. Geräte	⇨ GV	kleine elektr. Geräte	kleine elektr. Geräte	kleine elektr. Geräte	kleine elektr. Geräte	kleine elektr. Geräte							
杆 gǎn			längliche Geräte	längliche Geräte	✦	längliche Geräte	längliche Geräte	längliche Geräte	längliche Geräte							
架 jià			Apparat Mecha- nismus	Apparat Mecha- nismus	Apparat Mecha- nismus	⇨ D	Apparat Mecha- nismus	Apparat Mecha- nismus	Apparat Mecha- nismus							
具 jù			verschie- dene Geräte	verschie- dene Geräte	verschie- dene Geräte	verschie- dene Geräte	✦	verschie- dene Geräte	verschie- dene Geräte							
台 tái			(große) elektr. Geräte	(große) elektr. Geräte	(große) elektr. Geräte	(große) elektr. Geräte	(große) elektr. Geräte	⇨ CP	(große) elektr. Geräte							
部 bù			Geräte aus vielen Teilen	Geräte aus vielen Teilen	Geräte aus vielen Teilen	Geräte aus vielen Teilen	Geräte aus vielen Teilen	Geräte aus vielen Teilen	✦		Werke mit vielen Teilen	Werke mit vielen Teilen	Werke mit vielen Teilen			
版 bǎn										✦	(Software-) Version					
期 qī										Ausgabe Nummer	⇨ T	Ausgabe Nummer	Ausgabe Nummer			Ausgabe Nummer
份 fèn											Ausfertigung Exemplar Ausgabe	⇨ IN	Ausfertigung Exemplar Ausgabe			
册 cè											Stück Exemplar	Stück Exemplar	✦	Band	Band	
集 jí													Band Teil	⇨ 1	Band Teil	
卷 juàn													Band	Band	✦	
号 hào											Nummer					⇨ T2

B	磅 bàng	处 chù	条 tiáo	来 lái	项 xiàng	则 zé	点 diǎn	横 héng	捺 nà	撇 piě	竖 shù	提 tí	画 huà	笔 bǐ	些 xiē	撮 cuō
磅 bàng	✦						Schriftgröße Punkt									
处 chù		✦					Punkt Stelle									
条 tiáo			⇨ GOVX3	Diskussions-Punkt	Diskussions-Punkt	Diskussions-Punkt	Diskussions-Punkt									
来 lái			Punkt bei Gründen	✦	Punkt bei Gründen	Punkt bei Gründen	Punkt bei Gründen									
项 xiàng			Punkt	Punkt	⇨ 1	Punkt	Punkt									
则 zé			Punkt in Aufzählung	Punkt in Aufzählung	Punkt in Aufzählung	⇨ 2	Punkt in Aufzählung									
点 diǎn	Punkt	Punkt	Punkt	Punkt	Punkt	Punkt	✦	Schreibstrich	Schreibstrich	Schreibstrich	Schreibstrich	Schreibstrich	Schreibstrich	Schreibstrich	Quäntchen bisschen	Quäntchen bisschen
横 héng							Schreibstrich	✦	Schreibstrich	Schreibstrich	Schreibstrich	Schreibstrich	Schreibstrich	Schreibstrich		
捺 nà							Schreibstrich	Schreibstrich	✦	Schreibstrich	Schreibstrich	Schreibstrich	Schreibstrich	Schreibstrich		
撇 piě							Schreibstrich	Schreibstrich	Schreibstrich	⇨ 2	Schreibstrich	Schreibstrich	Schreibstrich	Schreibstrich		
竖 shù							Schreibstrich	Schreibstrich	Schreibstrich	Schreibstrich	✦	Schreibstrich	Schreibstrich	Schreibstrich		
提 tí							Schreibstrich	Schreibstrich	Schreibstrich	Schreibstrich	Schreibstrich	✦	Schreibstrich	Schreibstrich		
画 huà							Schreibstrich	Schreibstrich	Schreibstrich	Schreibstrich	Schreibstrich	Schreibstrich	✦	Schreibstrich		
笔 bǐ							Schreibstrich	Schreibstrich	Schreibstrich	Schreibstrich	Schreibstrich	Schreibstrich	Schreibstrich	✦		
些 xiē							unbestimmte Anzahl Menge								✦	unbestimmte Anzahl Menge
撮 cuō							Prise bisschen								Prise bisschen	⇨ NU
丝 sī							Hauch Spur Schimmer								Hauch Spur Schimmer	Hauch Spur Schimmer
股 gǔ																
线 xiàn																
宗 zōng														Geldsummen	Haufen Menge	
厘 lí																
分 fēn							(Bewertungs-) Punkt									
成 chéng																
扣 kòu																
折 zhé																
开 kāi																

丝 sī	股 gǔ	线 xiàn	宗 zōng	厘 lí	分 fēn	成 chéng	扣 kòu	折 zhé	开 kāi
Quäntchen bisschen					Punkt				
			Geld- summe						
unbe- stimmte Anzahl Menge			unbe- stimmte Anzahl Menge						
Prise bisschen									
✦	Hauch Spur Schimmer	Hauch Spur Schimmer							
Hauch Spur	⇨ NU3	Hauch Spur							
Hauch Spur Chance Schimmer	Hauch Spur Chance Schimmer	✦							
			⇨ GN						
				✦	Zins- satz				
				Zins- satz	✦	Zehntel			
					Zehntel 10%	✦	Zehntel 10%	Zehntel 10%	Zehntel 10%
						Rabatt auf soundso- viel 10%	✦	Rabatt auf soundso- viel 10%	
						Rabatt auf soundso- viel 10%	Rabatt auf soundso- viel 10%	✦	
						Verhältnis in Teilen von 10			✦

C	出 chū	台 tái	场 chǎng	景 jǐng	幕 mù
出 chū	✦	Theater- stücke	Theater- stücke		
台 tái	Aufführung	⇨ AP	Aufführung		
场 chǎng	Vorführung	Vorführung	✦	Szene	Szene
景 jǐng			Theater- szene	✦	Theater- szene
幕 mù			Akt Aufzug	Akt Aufzug	✦

D	栋 dòng	所 suǒ	幢 zhuàng	座 zuò	架 jià
栋 dòng	✦	kleine Gebäude	kleine Gebäude	kleine Gebäude	
所 suǒ	Gebäude	✦	Gebäude	Gebäude	
幢 zhuàng	große Gebäude	große Gebäude	✦	große Gebäude	
座 zuò	Gebäude	Gebäude	Gebäude	✦	Berge und Hügel
架 jià				Berge und Gebirge	⇨ A

E	轮 lún	颗 kē	粒 lì	滴 dī	团 tuán	丸 wán
轮 lún	⇨ T	scheiben- förmige Himmels- körper				
颗 kē	Sterne	✦	Korn + kugel- förmige Dinge	kugel- förmige Dinge		
粒 lì		Korn Körnchen + Kugel- förmiges	✦	Kugel- förmiges		Pille
滴 dī		Tropfen- förmiges	Tropfen- förmiges	✦		
团 tuán		Knäuel- förmiges	Knäuel- förmiges		✦	
丸 wán			Pille			✦

F	多 duō	强 qiáng	弱 ruò	余 yú
多 duō	✦	über mehr als länger als	über mehr als länger als	über mehr als länger als
强 qiáng	über mehr als	✦	über mehr als	über mehr als
弱 ruò	weniger als	weniger als	✦	weniger als
余 yú	über mehr als	über mehr als	über mehr als	✦

G	幅 fú	帧 zhēn	轴 zhóu	身 shēn	袭 xí	堂 táng	套 tào	组 zǔ	副 fù	对 duì	双 shuāng	只 zhī	箱 xiāng	件 jiàn	领 lǐng	条 tiáo
幅 fú	✦	Bilder	Bilder			Bilder										
帧 zhēn	Bilder Gemälde	✦	Bilder Gemälde			Bilder Gemälde										
轴 zhóu	(Roll-) Bilder	(Roll-) Bilder	⇨ X			(Roll-) Bilder										
身 shēn				✦	(Kleider-) Garnitur	(Kleider-) Garnitur	(Kleider-) Garnitur									
袭 xí				(Klei-der-) Garnitur	✦	(Klei-der-) Garnitur	(Klei-der-) Garnitur									
堂 táng	groß-flächige Malereien Bilder	groß-flächige Malereien Bilder	groß-flächige Malereien Bilder	(Einrich-tungs-) Garnitur	(Einrich-tungs-) Garnitur	✦	(Einrich-tungs-) Garnitur									
套 tào				Satz Set Garnitur	Satz Set Garnitur	Satz Set Garnitur	✦	Dinge aus Teilen + Satz Set Garnitur	Dinge aus Teilen + Satz Set Garnitur							
组 zǔ							Satz Serie	⇨ U	Satz Serie							
副 fù							Dinge aus Teilen	Dinge aus Teilen	⇨ 2	Paar	Paar	Paar				
对 duì									Paar	✦	Paar	Paar				
双 shuāng									Paar	Paar	✦	Paar				
只 zhī									einzelne Dinge eines Paares	einzelne Dinge eines Paares	einzelne Dinge eines Paares	⇨ AV	kleine Behälter	kleine Behälter		
箱 xiāng												Kasten Kiste	✦	Kasten Kiste		
件 jiàn							Kleidung					Gepäck- und Möbel-stücke	Gepäck- und Möbel-stücke	✦	Kleidung	Kleidung
领 lǐng														Umhänge Gewänder	✦	
条 tiáo																⇨ BOVX3
宗 zōng														(Herzens-) Ange-legen-heiten		
桩 zhuāng														Ange-legen-heiten		
起 qǐ																
格 gé																
服 fù																
剂 jì																
帖 tiě																
间 jiān							Räumlich-keiten									
楹 yíng																
票 piào																

宗 zōng	桩 zhuāng	起 qǐ	格 gé	服 fù	剂 jì	帖 tiě	间 jiān	楹 yíng	票 piào
Angelegenheiten	Angelegenheiten								
⇨ BN	(Herzens-) Angelegenheiten								
Angelegenheiten	✦	Fall (von etw)	Fall (von etw)						
	Fall (von etw)	⇨ U	Fall (von etw)						
			✦						
			Dosis	✦	Dosis	Dosis			
			Dosis	Dosis	✦	Dosis			
			Dosis	Dosis	Dosis	✦			
							✦	Räumlichkeiten	
							Raum Zimmer Gemach	✦	
	Geschäfte Transaktionen								✦

H	抱 bào	搂 lǒu	围 wéi	拃 zhǎ	指 zhǐ
抱 bào	✦	Klafter	Klafter		
搂 lǒu	Klafter	✦	Klafter		
围 wéi	Klafter	Klafter	✦	doppelte Fingerspanne	doppelte Fingerspanne
拃 zhǎ			Handspanne	✦	
指 zhǐ			Fingerbreit		✦

I	餐 cān	顿 dùn	份 fèn	客 kè
餐 cān	✦	Mahlzeit	Mahlzeit	Mahlzeit
顿 dùn	Portion	✦	Portion	Portion
份 fèn	Menge Portion	Menge Portion	⇨ AN	Menge Portion
客 kè	Portion Gedeck	Portion Gedeck	Portion Gedeck	✦

J	挑 tiāo	担 dàn	筐 kuāng
挑 tiāo	✦	Tragestange	
担 dàn	Traglast	✦	
筐 kuāng	Korb		✦

K	封 fēng	通 tōng	纸 zhǐ
封 fēng	✦	Post im Umschlag	Post im Umschlag
通 tōng	Briefe Schreiben Anrufe	✦	Briefe Schreiben Anrufe
纸 zhǐ	Dokumente Schreiben	Dokumente Schreiben	✦

L	刀 dāo	叠 dié	令 lǐng
刀 dāo	✦	100 Blatt	100 Blatt
叠 dié	Heft	✦	Heft
令 lǐng	Ries (500 Bogen)	Ries (500 Bogen)	✦

M	泓 hóng	潭 tán
泓 hóng	✦	klare Gewässer
潭 tán	stehende Gewässer Tümpel	✦

N	盒 hé	匹 pǐ	扎 zā	束 shù	包 bāo	捆 kǔn	簇 cù	把 bǎ	撮 zuǒ	墩 dūn	蓬 péng	堆 duī	宗 zōng	子 zǐ	串 chuàn	挂 guà	列 liè
盒 hé	⇨ Y				Schachtel Büchse Dose Kästchen												
匹 pǐ		⇨ V			(Stoff-) Ballen	(Stoff-) Ballen											
扎 zā			✦	Bündel	Bündel	Bündel	Bündel	Bündel									
束 shù			Bündel	✦	Bündel	Bündel	Bündel + Strauß	Bündel + Strauß	Bündel								
包 bāo	Päckchen	Ballen	Bündel Packen Paket	Bündel Packen Paket	⇨ Y	Ballen + Bündel Packen Paket	Bündel Packen Paket	Bündel Packen Paket	Bündel Packen Paket								
捆 kǔn		Ballen Bund Bündel	Ballen Bund Bündel	Ballen Bund Bündel	Ballen Bund Bündel	✦	Ballen Bund Bündel	Ballen Bund Bündel	Ballen Bund Bündel					Ballen Bund Bündel	Ballen Bund Bündel		
簇 cù			Haufen Traube Bund/el Busch/el Strauß	Haufen Traube Bund/el Busch/el Strauß	Haufen Traube Bund/el Busch/el Strauß	Haufen Traube Bund/el Busch/el Strauß	✦	Haufen Traube Bund/el Busch/el Strauß	Haufen Traube Bund/el Busch/el Strauß	Haufen Traube Bund/el Busch/el Strauß	Haufen Traube Bund/el Busch/el Strauß	Haufen Traube Bund/el Busch/el Strauß	Haufen Traube Bund/el Busch/el Strauß	Haufen Traube Bund/el Busch/el Strauß	Haufen Traube Bund/el Busch/el Strauß		
把 bǎ			Büschel Bündel Strauß	Büschel Bündel Strauß	Büschel Bündel Strauß	Büschel Bündel Strauß	Büschel Bündel Strauß	⇨ AT	Büschel Bündel Strauß	Büschel Bündel Strauß	Büschel Bündel Strauß						
撮 zuǒ							(Haar-) Büschel	(Haar-) Büschel	✦	(Haar-) Büschel	(Haar-) Büschel						
墩 dūn							Büschel	Büschel	Büschel	✦	Büschel						
蓬 péng				Busch Büschel	Busch Büschel	Busch Büschel	Busch Büschel	Busch Büschel	Busch Büschel	Busch Büschel	✦						
堆 duī							Haufen Halde					✦	Haufen Halde				
宗 zōng							Haufen Menge					Haufen Menge	⇨ BG				
子 zǐ						Bund faden- förmiger Dinge	Bund faden- förmiger Dinge							✦	Bund faden- förmiger Dinge		
串 chuàn						Traube Bund	Traube Bund							Traube Bund	✦	Kette Reihe Strang	Kette Reihe Strang
挂 guà															Kette Kordel	⇨ P	Kette Kordel
列 liè															Aufge- reihtes	Aufge- reihtes	⇨ PTW
股 gǔ															Strang Faden		
绞 jiǎo															Strang Docke		
绺 liǔ																	
缕 lǚ																	
撮 cuō								Handvoll (Leute)									
捧 pěng								doppelte Handvoll									
个 gè								abstrakte Begriffe									
份 fèn																	

股 gǔ	绞 jiǎo	绺 liǔ	缕 lǚ	撮 cuō	捧 pěng	个 gè	份 fèn
				Handvoll	Handvoll	abstrakte Begriffe	
				Haufen Menge			
Kette Reihe Strang	Kette Reihe Strang						
⇨ BU3	Strang Faden						Anteil Aktie
Strang Docke	✦	Strang Docke					
	Docke	✦	Strähne				
		Streifen Fetzen Strähne	⇨ X				
				⇨ BU			
				doppelte Handvoll	✦		
						⇨ O	
Anteil Portion							⇨ AI

O	任 rèn	房 fáng	个 gè	名 míng	条 tiáo	位 wèi	有 yòu
任 rèn	⇨ T						
房 fáng	Weiber Frauen	✦	Weiber Frauen	Weiber Frauen	Weiber Frauen	Weiber Frauen	
个 gè		Menschen Personen	⇨ N	Menschen Personen	Menschen Personen	Menschen Personen	
名 míng		Personen	Personen	⇨ 1	Personen	Personen	
条 tiáo		Personen	Personen	Personen	⇨ BGVX3	Personen	
位 wèi		Personen	Personen	Personen	Personen	✦	Stelle -stellig
有 yòu						Zahlpartikel für Zehner- stellen	✦

P	列 liè	挂 guà	辆 liàng	班 bān	趟 tàng	台 tái
列 liè	⇨ NTW					
挂 guà	Gespanne	⇨ N	Gespanne			
辆 liàng	Fahrzeuge	Fahrzeuge	⇨ U	Fahrzeuge	Fahrzeuge	Fahrzeuge
班 bān			fahrplan- mäßige Fahrzeuge	⇨ U		
趟 tàng			Fahrzeuge mit Ziel		⇨ TW	
台 tái						⇨ AC

Q	摊 tān	汪 wāng
摊 tān	✦	Pfütze Lache
汪 wāng	Pfütze Lache	✦

R	宿 xiǔ	夜 yè
宿 xiǔ	✦	Nacht Über- nachtung
夜 yè	Nacht	✦

S	锅 guō	盆 pén
锅 guō	✦	Topf
盆 pén	Becken Wanne Topf	✦

T	口 kǒu	列 liè	号 hào	次 cì	期 qī	倍 bèi	遍 biàn	度 dù	番 fān	回 huí	和 huò	面 miàn	任 rèn	趟 tàng	下 xià	通 tòng	把 bǎ	遭 zāo
口 kǒu	⇨ V		-köpfig Köpfe Mäuler															
列 liè		⇨ NPW																
号 hào	Anzahl Menschen		⇨ A2	Nummer	Nummer													
次 cì		(Zug-) Nummer	(Zug-) Nummer	✦	Mal -mal	Mal -mal	Mal -mal	Mal -mal	Mal -mal	Mal -mal	Mal -mal	Mal -mal	Mal -mal	Mal -mal	Mal -mal	Mal -mal	Mal -mal	Mal -mal
期 qī			Ausgabe Nummer	-mal	⇨ A	-mal	-mal	-mal	-mal	-mal	-mal	-mal	-mal	-mal	-mal	-mal	-mal	-mal
倍 bèi				-fach -mal	-fach -mal	✦	-fach -mal	-fach -mal	-fach -mal + doppelt	-fach -mal	-fach -mal	-fach -mal	-fach -mal	-fach -mal	-fach -mal	-fach -mal	-fach -mal	-fach -mal
遍 biàn				Mal -mal	Mal -mal	Mal -mal	✦	Mal -mal	Mal -mal	Mal -mal	Mal -mal	Mal -mal	Mal -mal	Mal -mal	Mal -mal	Mal -mal	Mal -mal	Mal -mal
度 dù				-mal	-mal	-mal	-mal	⇨ 1	-mal	-mal	-mal	-mal	-mal	-mal	-mal	-mal	-mal	-mal
番 fān				-mal -fach	-mal -fach	-mal -fach + doppelt	-mal -fach	-mal -fach	⇨ 2	-mal -fach	-mal -fach	-mal -fach	-mal -fach	-mal -fach	-mal -fach	-mal -fach	-mal -fach	-mal -fach
回 huí				Mal -mal	Mal -mal	Mal -mal	Mal -mal	Mal -mal	Mal -mal	⇨ 2	Mal -mal	Mal -mal	Mal -mal	Mal -mal	Mal -mal	Mal -mal	Mal -mal	Mal -mal
和 huò				-mal	-mal	-mal	-mal	-mal	-mal	-mal	✦	-mal	-mal	-mal	-mal	-mal	-mal	-mal
面 miàn				-mal	-mal	-mal	-mal	-mal	-mal	-mal	-mal	⇨ 2	-mal	-mal	-mal	-mal	-mal	-mal
任 rèn				-mal (im Amt)	-mal (im Amt)	-mal (im Amt)	-mal (im Amt)	-mal (im Amt)	-mal (im Amt)	-mal (im Amt)	-mal (im Amt)	-mal (im Amt)	⇨ O	-mal (im Amt)	-mal (im Amt)	-mal (im Amt)	-mal (im Amt)	-mal (im Amt)
趟 tàng				-mal (unter- wegs)	-mal (unter- wegs)	-mal (unter- wegs)	-mal (unter- wegs)	-mal (unter- wegs)	-mal (unter- wegs)	-mal (unter- wegs)	-mal (unter- wegs)	-mal (unter- wegs)	-mal (unter- wegs)	⇨ PW	-mal (unter- wegs)	-mal (unter- wegs)	-mal (unter- wegs)	-mal (unter- wegs)
下 xià				Mal	Mal	Mal	Mal	Mal	Mal	Mal	Mal	Mal	Mal	Mal	✦	Mal	Mal	Mal
通 tòng				-mal (schla- gen)	-mal (schla- gen)	-mal (schla- gen)	-mal (schla- gen)	-mal (schla- gen)	-mal (schla- gen)	-mal (schla- gen)	-mal (schla- gen)	-mal (schla- gen)	-mal (schla- gen)	-mal (schla- gen)	-mal (schla- gen)	✦	-mal (schla- gen)	-mal (schla- gen)
把 bǎ				-mal (mit d. Hand)	-mal (mit d. Hand)	-mal (mit d. Hand)	-mal (mit d. Hand)	-mal (mit d. Hand)	-mal (mit d. Hand)	-mal (mit d. Hand)	-mal (mit d. Hand)	-mal (mit d. Hand)	-mal (mit d. Hand)	-mal (mit d. Hand)	-mal (mit d. Hand)	-mal (mit d. Hand)	⇨ AN	-mal (mit d. Hand)
遭 zāo				Mal	Mal	Mal	Mal	Mal	Mal	Mal	Mal	Mal	Mal	Mal	Mal	Mal	Mal	⇨ X
合 hé																		(Kampf-) Runde
巡 xún																		(Getränke-) Runde
盘 pán																		Runde Satz Partie
轮 lún																		Runde Zyklus
席 xí																		
周 zhōu																		Umrundung Umkreisung
局 jú																		
记 jì																(Faust-) Schlag	(Faust-) Schlag	

合 hé	巡 xún	盘 pán	轮 lún	席 xí	周 zhōu	局 jú	记 jì
							-mal (mit d. Hand)
		Runde Kreis			Runde Kreis		
✦	(Kampf-) Runde	(Kampf-) Runde	(Kampf-) Runde	(Kampf-) Runde	(Kampf-) Runde		
(Getränke-) Runde	✦	(Getränke-) Runde	(Getränke-) Runde	(Getränke-) Runde	(Getränke-) Runde		
Runde Satz Partie	Runde Satz Partie	⇨ X	Runde Satz Partie	Runde Satz Partie	Runde Satz Partie	Runde Satz Partie	
Runde Zyklus	Runde Zyklus	Runde Zyklus	⇨ E	Runde Zyklus	Runde Zyklus		
			Treffen Runde	✦			
					⇨ X		
		Satz Partie				✦	
							✦

U	沓 dá	摞 luò	批 pī	帮 bāng	拨 bō	撮 cuō	队 duì	股 gǔ	伙 huǒ	起 qǐ	群 qún	组 zǔ	班 bān	茬 chá
沓 dá	✦	Stoß Stapel	Stoß Stapel											
摞 luò	Stoß Stapel	✦	Stoß Stapel											
批 pī			✦	Menge Gruppe Anzahl Stoß	Menge Gruppe Anzahl Stoß	Menge Gruppe Anzahl Stoß	Menge Gruppe Anzahl Stoß	Menge Gruppe Anzahl Stoß	Menge Gruppe Anzahl Stoß	Menge Gruppe Anzahl Stoß	Menge Gruppe Anzahl Stoß	Menge Gruppe Anzahl Stoß	Menge Gruppe Anzahl Stoß	Menge Gruppe Anzahl Stoß
帮 bāng			Gruppe Schar Bande	✦	Gruppe Schar Bande	Gruppe Schar Bande	Gruppe Schar Bande	Gruppe Schar Bande	Gruppe Schar Bande	Gruppe Schar Bande	Gruppe Schar Bande	Gruppe Schar Bande	Gruppe Schar Bande	Gruppe Schar Bande
拨 bō			Gruppe (Personen)	Gruppe (Personen)	✦	Gruppe (Personen)	Gruppe (Personen)	Gruppe (Personen)	Gruppe (Personen)	Gruppe (Personen)	Gruppe (Personen)	Gruppe (Personen)	Gruppe (Personen)	Gruppe (Personen)
撮 cuō			Handvoll Leute	Handvoll Leute	Handvoll Leute	⇨ BN	Handvoll Leute	Handvoll Leute	Handvoll Leute	Handvoll Leute	Handvoll Leute	Handvoll Leute	Handvoll Leute	Handvoll Leute
队 duì			Gruppe Phalanx	Gruppe Phalanx	Gruppe Phalanx	Gruppe Phalanx	⇨ W	Gruppe Phalanx	Gruppe Phalanx	Gruppe Phalanx	Gruppe Phalanx	Gruppe Phalanx	Gruppe Phalanx	Gruppe Phalanx
股 gǔ			Gruppe Bande Rotte Horde	Gruppe Bande Rotte Horde	Gruppe Bande Rotte Horde	Gruppe Bande Rotte Horde	Gruppe Bande Rotte Horde	⇨ BN3	Gruppe Bande Rotte Horde	Gruppe Bande Rotte Horde	Gruppe Bande Rotte Horde	Gruppe Bande Rotte Horde	Gruppe Bande Rotte Horde	Gruppe Bande Rotte Horde
伙 huǒ			Gruppe Bande	Gruppe Bande	Gruppe Bande	Gruppe Bande	Gruppe Bande	Gruppe Bande	✦	Gruppe Bande	Gruppe Bande	Gruppe Bande	Gruppe Bande	Gruppe Bande
起 qǐ			Gruppe	Gruppe	Gruppe	Gruppe	Gruppe	Gruppe	Gruppe	⇨ G	Gruppe	Gruppe	Gruppe	Gruppe
群 qún			Schar Menge Bande	Schar Menge Bande	Schar Menge Bande	Schar Menge Bande	Schar Menge Bande	Schar Menge Bande	Schar Menge Bande	Schar Menge Bande	✦	Schar Menge Bande	Schar Menge Bande	Schar Menge Bande
组 zǔ			Gruppe Team	Gruppe Team	Gruppe Team	Gruppe Team	Gruppe Team	Gruppe Team	Gruppe Team	Gruppe Team	Gruppe Team	⇨ G	Gruppe Team	Gruppe Team
班 bān			Gruppe (Personen)	Gruppe (Personen)	Gruppe (Personen)	Gruppe (Personen)	Gruppe (Personen)	Gruppe (Personen)	Gruppe (Personen)	Gruppe (Personen)	Gruppe (Personen)	Gruppe (Personen)	⇨ P	Gruppe (Personen)
茬 chá														⇨ Z
辈 bèi														Generation Altersgruppe
代 dài														Generation
喷 pèn														Ernte
辆 liàng													Fahrzeuge	

辈 bèi	代 dài	喷 pèn	辆 liàng
			fahrplan- mäßige Fahrzeuge
Generation Jahrgang Altersgruppe	Generation Jahrgang Altersgruppe	Schnitt Mahd Ernte	
✦	Generation Altersgruppe		
Generation	✦		
		✦	
			⇨ P

V	株 zhū	棵 kē	口 kǒu	匹 pǐ	条 tiáo	头 tóu	尾 wěi	只 zhī	窝 wō	胎 tāi
株 zhū	✦	(Beeren-) Sträucher (Obst-) Bäume								
棵 kē	Bäume	✦	(Salat-) Kopf							
口 kǒu			⇨ T	(Borsten-) Vieh	(Borsten-)	(Borsten-) Vieh	(Borsten-) Vieh	(Borsten-) Vieh		
匹 pǐ			(Pferde-) Vieh	⇨ N	(Pferde-) Vieh	(Pferde-) Vieh	(Pferde-) Vieh	(Pferde-) Vieh		
条 tiáo			"schmale längliche" Tiere	"schmale längliche" Tiere	⇨ BGOX3	"schmale längliche" Tiere	"schmale längliche" Tiere	"schmale längliche" Tiere		
头 tóu			Vieh Tiere	Vieh Tiere	Vieh Tiere	✦	Vieh Tiere	Vieh Tiere		
尾 wěi					Fische	Fische	✦			
只 zhī			kleine Tiere	kleine Tiere	kleine Tiere	kleine Tiere	kleine Tiere	⇨ AG	Insekten	
窝 wō									✦	Wurf Brut (Zool)
胎 tāi									Wurf (Zool)	✦

W	句 jù	行 háng	排 pái	路 lù	趟 tàng	列 liè	队 duì	栏 lán
句 jù	✦	(Vers-) Zeile	(Vers-) Zeile					
行 háng	Zeile Reihe	✦	Zeile Reihe	Zeile Reihe	Zeile Reihe	Zeile Reihe	Zeile Reihe	
排 pái	Reihe Zeile Schlange	Reihe Zeile Schlange	✦	Reihe Zeile Schlange	Reihe Zeile Schlange	Reihe Zeile Schlange	Reihe Zeile Schlange	
路 lù		Linie Reihe	Linie Reihe	⇨ 2	Linie Reihe	Linie Reihe	Linie Reihe	
趟 tàng		Reihe (Straßen-) Zug	Reihe (Straßen-) Zug	Reihe (Straßen-) Zug	⇨ PT	Reihe (Straßen-) Zug	Reihe (Straßen-) Zug	
列 liè		lange Reihe	lange Reihe	lange Reihe	lange Reihe	⇨ NPT	lange Reihe	Spalte
队 duì							⇨ U	
栏 lán						(Druck-) Spalte Kolumne		✦

X	转 zhuàn	周 zhōu	遭 zāo	本 běn	轴 zhóu	卷 juǎn	盘 pán	锭 dìng	板 bǎn	块 kuài	派 pài	条 tiáo	片 piàn	爿 pán	阵 zhèn
转 zhuàn	✦	Umdrehung													
周 zhōu	Umdrehung	⇨ T	Umrundung Umkreisung												
遭 zāo		Runde Kreis	⇨ T			Runde Kreis	Runde Kreis								
本 běn				✦	Rolle Spule	Rolle Spule	Rolle Spule								
轴 zhóu				Rolle Spule	⇨ G	Rolle Spule	Rolle Spule								
卷 juǎn				Rolle Spule	Rolle Spule	✦	Rolle Spule + Zusammen- gerolltes								
盘 pán			Aufge- wickeltes Rolle	Spiral- förmiges + Aufge- wickeltes Rolle	Spiral- förmiges + Aufge- wickeltes Rolle	Spiral- förmiges + Aufge- wickeltes Rolle	⇨ T			runde Platten					
锭 dìng								✦		Block Barren Stück					
板 bǎn									✦	Palette Tafel		Palette Tafel			
块 kuài							Block	Block	Tafel	⇨ 3		Tafel	Felder		
派 pài											✦	Richtung	Atmosphäre Szenerie		
条 tiáo									Tafel	Tafel	(Glaubens-) Richtung Linie	⇨ BGOV3			
片 piàn										Felder (Agro)	Stimmung Atmosphäre		✦	Feld Streifen Bank	Welle Flut
爿 pán													Land- stücke	✦	
阵 zhèn													Stoß Welle		✦
场 cháng															Welle
家 jiā														Geschäft Firma	
瓣 bàn													Stück Scheibe		
缕 lǚ													Streifen Fetzen Strähne		

场 cháng	家 jiā	瓣 bàn	缕 lǚ
		Scheibe Blatt Flocke	Feld Streifen Bank
	Filiale		
Weile			
✦			
	✦		
		✦	
			⇨ N

Y	包 bāo	盒 hé	听 tīng	罐 guàn	坛 tán	扎 zhā	杯 bēi	瓶 píng	壶 hú	盅 zhōng
包 bāo	⇨ N	Päckchen								
盒 hé	Schachtel Büchse Dose Kästchen	⇨ N	Schachtel Büchse Dose Kästchen	Schachtel Büchse Dose Kästchen						
听 tīng		Büchse Dose Konserve	✦	Büchse Dose Konserve						
罐 guàn		Dose Büchse	Dose Büchse	✦	Krug Kanne	Krug Kanne	(Vorrats-) Glas	(Vorrats-) Glas	Krug Kanne	
坛 tán				irdener Krug Kruke	✦	irdener Krug Kruke				
扎 zhā				Krug (Zapf- bier)	Krug (Zapf- bier)	✦				
杯 bēi							✦			Tasse Glas Becher
瓶 píng				(Vorrats-) Glas			(Vorrats-) Glas	✦		
壶 hú				Kanne					✦	
盅 zhōng							henkel- lose Tasse Becher			✦

Z	茬 chá	届 jiè	年 nián	载 zǎi	岁 suì	旬 xún	秩 zhì
茬 chá	⇨ U						
届 jiè	periodische Ereignisse	✦	periodische Ereignisse	periodische Ereignisse	periodische Ereignisse		
年 nián	Jahr	Jahr	✦	Jahr	Jahr		
载 zǎi	Jahr	Jahr	Jahr	✦	Jahr		
岁 suì	(Lebens-) Jahr Alter	(Lebens-) Jahr Alter	(Lebens-) Jahr Alter	(Lebens-) Jahr Alter	✦	(Lebens-) Jahr Alter	(Lebens-) Jahr Alter
旬 xún					Lebens- jahrzehnt Dekade	✦	Lebens- jahrzehnt Dekade
秩 zhì					Lebens- jahrzehnt Dekade	Lebens- jahrzehnt Dekade	✦

1	楼 lóu	戒 jiè	诫 jiè	项 xiàng	层 céng	集 jí	节 jié	截 jié	停 tíng	段 duàn	度 dù	支 zhī	级 jí	流 liú	等 děng
楼 lóu	✦				Etage										
戒 jiè		✦	Gebot Verbot Regel	Gebot Verbot Regel											
诫 jiè		Gebot Empfehlung	✦	Gebot Empfehlung											
项 xiàng		Prinzipien Gebote	Prinzipien Gebote	⇨ B	Teil	Teil	Teil	Teil	Teil	Teil					
层 céng	Stockwerk Etage Schicht				✦										
集 jí						⇨ A									
节 jié				Stück Teil Segment	Stück Teil Segment	Stück Teil Segment	✦	Stück Teil Segment	Stück Teil Segment	Stück Teil Segment					
截 jié				Teil- stück	Teil- stück	Teil- stück	Teil- stück	✦	Teil- stück	Teil- stück					
停 tíng				Teil (eines Ganzen)	Teil (eines Ganzen)	Teil (eines Ganzen)	Teil (eines Ganzen)	Teil (eines Ganzen)	✦	Teil (eines Ganzen)					
段 duàn				Teil Stück Strecke Abschnitt Partie	Teil Stück Strecke Abschnitt Partie	Teil Stück Strecke Abschnitt Partie	Teil Stück Strecke Abschnitt Partie	Teil Stück Strecke Abschnitt Partie	Teil Stück Strecke Abschnitt Partie	⇨ 2	Grad Rang	Grad Rang	Grad Rang	Grad Rang	
度 dù										Grad Stärke	⇨ T	Grad Stärke	Grad Stärke	Grad Stärke	
支 zhī										Stärke Grad Körnung	Stärke Grad Körnung	⇨ 3	Stärke Grad Körnung	Stärke Grad Körnung	
级 jí										Grad Stärke Klasse	Grad Stärke Klasse	Grad Stärke Klasse	✦	Grad Stärke Klasse + Klasse Ordnung	Grad Stärke Klasse + Klasse Ordnung
流 liú										Klasse Grad	Klasse Grad	Klasse Grad	Klasse Grad	✦	Klasse Grad
等 děng													Klasse	Klasse	✦
磴 dèng													Stufe Sprosse		
名 míng										Platz Rang					

磴 dèng	名 míng
	Grad Rang
Stufe -stufig	
✦	
	⇨ O

2	日 rì	天 tiān	号 hào	番 fān	路 lù	码 mǎ	样 yàng	种 zhǒng	款 kuǎn	段 duàn	回 huí	页 yè	篇 piān	则 zé	张 zhāng	副 fù	面 miàn	撇 piě
日 rì	✦	Tag	Tag															
天 tiān	Tag	✦	Tag															
号 hào	Tag	Tag	⇨ AT	Sorte	Sorte	Sorte	Sorte	Sorte	Sorte									
番 fān			Sorte Art	⇨ T	Sorte Art	Sorte Art	Sorte Art	Sorte Art	Sorte Art									
路 lù			Typ Sorte Schlag	Typ Sorte Schlag	⇨ W	Typ Sorte Schlag	Typ Sorte Schlag	Typ Sorte Schlag	Typ Sorte Schlag									
码 mǎ			von einer Sorte	von einer Sorte	von einer Sorte	✦	von einer Sorte	von einer Sorte	von einer Sorte									
样 yàng			Art Sorte	Art Sorte	Art Sorte	Art Sorte	✦	Art Sorte	Art Sorte									
种 zhǒng			Sorte Art Typ	Sorte Art Typ	Sorte Art Typ	Sorte Art Typ	Sorte Art Typ	✦	Sorte Art Typ									
款 kuǎn			Art Typ Stil	Art Typ Stil	Art Typ Stil	Art Typ Stil	Art Typ Stil	Art Typ Stil	✦	Abschnitt Absatz		Abschnitt Absatz						
段 duàn									Teil Stück Strecke Abschnitt Partie	⇨ 1								
回 huí											⇨ T	Kapitel						
页 yè											Kapitel	✦	(Buch-) Seite + Blatt Bogen		Blatt Bogen			
篇 piān												(Papier-) Bogen Seite	✦	(Papier-) Bogen Seite	(Papier-) Bogen Seite			
则 zé													kurze Texte	⇨ B				
张 zhāng												Bogen Blatt	Bogen Blatt		✦	Gesicht und Mund	flache ebene Gegen- stände	bogen- förmige Gegen- stände
副 fù															Gesichts- ausdrücke	⇨ G		
面 miàn															Flächiges		⇨ T	
撇 piě															Dinge in Form geschwunge- ner Bögen			⇨ B

3	发 fā	块 kuài	文 wén	枚 méi	管 guǎn	苗 miáo	条 tiáo	枝 zhī	道 dào	根 gēn	支 zhī	阕 què	首 shǒu	茎 jīng	股 gǔ	挡 dǎng
发 fā	✦			Munition												
块 kuài		⇨ X	(Silber-) Münzgeld	(Silber-) Münzgeld												
文 wén		(Kupfer-) Münzgeld	✦	(Kupfer-) Münzgeld												
枚 méi	Geschosse	kleine Gegenstände	kleine Gegenstände	✦	kleine Gegenstände	kleine Gegenstände	kleine Gegenstände	kleine Gegenstände	kleine Gegenstände		kleine Gegenstände					
管 guǎn					✦	röhrenförmige Gegenstände	röhrenförmige Gegenstände	röhrenförmige Gegenstände	röhrenförmige Gegenstände	röhrenförmige Gegenstände	röhrenförmige Gegenstände					
苗 miáo					Lanzettförmiges	✦	Lanzettförmiges	Lanzettförmiges	Lanzettförmiges	Lanzettförmiges	Lanzettförmiges					
条 tiáo					schmale längliche Dinge	schmale längliche Dinge	⇨ BGOVX	schmale längliche Dinge	schmale längliche Dinge	schmale längliche Dinge	schmale längliche Dinge					
枝 zhī					stabförmige Gegenstände	stabförmige Gegenstände	stabförmige Gegenstände	✦	stabförmige Gegenstände	stabförmige Gegenstände	stabförmige Gegenstände					
道 dào					lange schmale Objekte	lange schmale Objekte	lange schmale Objekte	lange schmale Objekte	✦	lange schmale Objekte	lange schmale Objekte				lange schmale Objekte	(Speisen, Arbeits-) Gang
根 gēn					lange dünne Gegenstände	lange dünne Gegenstände	lange dünne Gegenstände	lange dünne Gegenstände	lange dünne Gegenstände	✦	lange dünne Gegenstände			Halm		
支 zhī					stabförmige Gegenstände	stabförmige Gegenstände	stabförmige Gegenstände	stabförmige Gegenstände	stabförmige Gegenstände	stabförmige Gegenstände	⇨ 1	Lieder	Lieder			
阕 què											Lieder Gedichte (Ci-Form)	✦	Lieder Gedichte (Ci-Form)			
首 shǒu											Lieder Gedichte	Lieder Gedichte	✦			
茎 jīng										Halm Stange Stengel				✦		
股 gǔ									Strang Faden						⇨ BNU	
挡 dǎng									(Getriebe-) Gang							✦

Register der Zählwörter

abstrakte Begriffe	把 bǎ
	个 gè
Akten(kundiges)	档 dàng
Aktivitäten	通 tòng
Angelegenheiten	件 jiàn
	桩 zhuāng
	宗 zōng
Apparate ⇨ Geräte	
Atmosphäre, Stimmung, Szenerie	派 pài
	片 piàn
Aufgefädeltes, Aufgereihtes	串 chuàn
	挂 guà
	列 liè
Aufgewickeltes, Zusammengerolltes	捲 juǎn
	盘 pán
	轴 zhóu
Aufgabenstellungen, Befehle	道 dào
Bankette, Festessen	席 xí
Bäume	棵 kē
	株 zhū
Bauwerke	座 zuò
(kleine) Behälter	件 jiàn
	只 zhī
Berge und Gebirge	架 jià
Berge und Hügel	座 zuò
Bettzeug	床 chuáng
Bilder, Fotos, Gemälde	幅 fú
	堂 táng
	帧 zhēn
	轴 zhóu
Blumen	朵 duǒ
Dinge ⇨ Gegenstände	
Dokumente	纸 zhǐ
Einrichtungen	所 suǒ
Fahrzeuge	掛 guà
	辆 liàng
	列 liè
Fahrzeuge (fahrplanmäßig)	班 bān
Fahrzeuge (mit Ziel)	趟 tàng
Fäkalien	泡 pāo
Felder	块 kuài
	片 piàn
Fische	条 tiáo
	头 tóu
	尾 wěi
Flächiges	面 miàn
	张 zhāng
Gebäude	栋 dòng
	所 suǒ
	幢 zhuàng
	座 zuò
Gebundenes (in Buch- oder Heftform)	本 běn
einzelne Gegenstände, die normalerweise im Paar vorkommen	只 zhī
bogenförmige Gegenstände	撇 piě
	张 zhāng
kleine Gegenstände (Abzeichen, Münzen etc.)	枚 méi
knäuelförmige Gegenstände	团 tuán

kugelförmige Gegenstände	颗 kē
	粒 lì
lange schmale Gegenstände	道 dào
	根 gēn
	条 tiáo
röhrenförmige Gegenstände	管 guǎn
stabförmige Gegenstände	支 zhī
	枝 zhī
lanzettförmige Gegenstände	苗 miáo
runde und spiralförmige Gegenstände	盘 pán
viereckige Gegenstände	方 fāng
Gegenstände mit Griff oder Henkel	把 bǎ
Gegenstände mit flacher/ebener Oberfläche	面 miàn
	张 zhāng
Gegenstände mit (runder) Öffnung	口 kǒu
Gegenstände mit/aus einem Schleier	顶 dǐng
Geldsummen	笔 bǐ
	宗 zōng
Generäle	员 yuán
Gepäckstücke	件 jiàn
verschiedene Geräte	架 jià
	具 jù
große elektrische Geräte	台 tái
kleine elektrische Geräte	只 zhī
längliche Geräte	杆 gǎn
Geräte (mit Stiel)	柄 bǐng
Geräte (aus vielen Teilen)	部 bù
Geräusche	声 shēng
Geschäfte und Firmen	家 jiā
	爿 pán
Geschäfte und Transaktionen	票 piào
Geschosse (Bomben, Granaten, Projektile)	枚 méi
Geschütze	门 mén
Gesicht und Mund	张 zhāng
Gesichtsausdrücke	副 fù
Gespanne	挂 guà
mit einem Schlag Getanes	记 jì
Grundstücke, Landstücke	爿 pán
Gewänder	领 lǐng
Gewässer (klare)	泓 hóng
Gewässer (stehende)	潭 tán
Heirat und (angeheiratete) Verwandschaft	门 mén
talentiert/professionell Hergestelltes	手 shǒu
scheibenförmige Himmelskörper	轮 lún
Höhlen	孔 kǒng
Kleidung	件 jiàn
Korrespondenz, (Tele-) Kommunikation	通 tōng
Kopfbedeckungen	顶 dǐng
Insekten	只 zhī
Lampen	盏 zhǎn
Leichen	具 jù
Lieder und Gedichte	阕 què
	首 shǒu
	支 zhī
Maschinen	台 tái
(Sitz-) Matten	领 lǐng

Mauern	堵 dǔ
Möbelstücke	件 jiàn
Munition	发 fā
Münzgeld	块 kuài
	枚 méi
	文 wén
Objekte ⇨ Gegenstände	
periodische Veranstaltungen/ Ereignisse	届 jiè
Personen	房 fáng
	个 gè
	名 míng
	条 tiáo
	位 wèi
medizinische Pflaster	贴 tiē
Postsendungen (mit Umschlag)	封 fēng
Prinzipien und Gebote	项 xiàng
(Diskussions-) Punkte	条 tiáo
Quellen und Brunnen	眼 yǎn
Räumlichkeiten, Zimmer	间 jiān
Saatgut (für Saatlöcher)	埯 ǎn
Sammlungen	批 pī
Schiffe ⇨ Wasserfahrzeuge	
Segmente, Teile von etw	节 jié
Statuen	尊 zūn
Sterne	颗 kē
(Beeren-) Sträucher und (Obst-) Bäume	株 zhū
Studienobjekte und -fächer	门 mén
aus einem Satz verschiedener Teile Bestehendes	副 fù
	套 tào
Texte	篇 piān
	则 zé
Theaterstücke	出 chū
Tiere	口 kǒu
	匹 pǐ
	条 tiáo
	头 tóu
	尾 wěi
	只 zhī
Treffen, (Gesprächs-) Runde	席 xí
Tropfenförmiges	滴 dī
Umhänge	领 lǐng
Unterrichtseinheiten	堂 táng
im Verbund Zusammenwirkendes	支 zhī
Vieh ⇨ Tiere	
Vögel	只 zhī
Vorführungen	场 chǎng
Waffen	枚 méi
	门 mén
	挺 tǐng
Wasserfahrzeuge	艘 sōu
	只 zhī
Werke (Literatur, Film)	部 bù
Wettbewerbe und -spiele	场 chǎng
Wohnungen	处 chù
Zusammengerolltes	捲 juǎn
	盘 pán
	轴 zhóu

Register der Zähleinheiten

Absatz	款 kuǎn
Abschnitt	段 duàn
	款 kuǎn
Akt	幕 mù
Altersgruppe	辈 bèi
Anfall	阵 zhèn
Anteil	份 fèn
	股 gǔ
	手 shǒu
Anzahl (Menschen)	号 hào
Arbeitsschicht	班 bān
Armvoll	抱 bào
Art	番 fān
	号 hào
	款 kuǎn
	码 mǎ
	样 yàng
	种 zhǒng
Aufführung	台 tái
Aufguss	和 huò
Aufzug (Theater)	幕 mù
Ausgabe	期 qī
Ball (Feuer~)	团 tuán
Ballen	包 bāo
	捆 kǔn
	匹 pǐ
Bahn (Stoff~)	幅 fú
Band (Buch)	册 cè
	集 jí
	卷 juàn
Bande	帮 bāng
	股 gǔ
	伙 huǒ
	群 qún
Bank (Nebel~)	片 piàn
Barren	锭 dìng
Becher	杯 bēi
	盅 zhōng
Becken	盆 pén
Beschickung	炉 lú
Beutel	袋 dài
ein bisschen	撮 cuō
	点 diǎn
	丝 sī
	些 xiē
Bissen	口 kǒu
Blatt	片 piàn
	页 yè
	张 zhāng
Blick	眼 yǎn
Block (Barren)	锭 dìng
	块 kuài
Bogen (Brücke)	孔 kǒng
Bogen (Papier)	篇 piān
	页 yè
	张 zhāng
Brocken	坨 tuó
Brut	胎 tāi
	窝 wō
Büchse	罐 guàn
	盒 hé
	听 tīng
Bund	串 chuàn
	簇 cù
	捆 kǔn
	子 zǐ
Bündel	把 bǎ
	包 bāo
	簇 cù
	捆 kǔn
	束 shù
	扎 zā
Busch	簇 cù
	蓬 péng
Büschel	把 bǎ
	簇 cù
	墩 dūn
	蓬 péng
	撮 zuǒ
Chance	线 xiàn
Charge	炉 lú
Dimension	维 wéi
Docke	绞 jiǎo
	绺 liǔ
doppelt	倍 bèi
	番 fān

Deutsch	Zählwort	Pinyin
Dose	罐	guàn
	盒	hé
	听	tīng
Dosis	服	fù
	格	gé
	剂	jì
	帖	tiě
Dutzend	打	dá
Ebene	层	céng
Eimer	桶	tǒng
Eimer (Traglast, 2 ~)	担	dàn
	挑	tiāo
Einheit(en)	格	gé
Einheit (milit)	支	zhī
Ernte	茬	chá
	喷	pèn
Etage	层	céng
	楼	lóu
Exemplar	册	cè
	份	fèn
-fach	倍	bèi
	番	fān
Faden	股	gǔ
Fall (Einzel~)	起	qǐ
Fall (Glücks~)	桩	zhuāng
Fall (Kasus)	格	gé
Familie	家	jiā
-farbig	色	sè
Fass	桶	tǒng
Feld	片	piàn
Fetzen	缕	lǚ
Finger (~breit)	指	zhǐ
Fingerspanne	围	wéi
Flasche	瓶	píng
Flocke	片	piàn
Flügel (Tür~)	扇	shàn
Flut (von etw)	片	piàn
Fuhre	担	dàn
Gang (Speisen; Arbeits~)	道	dào
Gang (Getriebe)	挡	dǎng
Garbe	束	shù
Garnitur (Einrichtung)	堂	táng
	套	tào
Garnitur (Kleidung)	身	shēn
	袭	xí
Gebot (rel)	戒	jiè
	诫	jiè
Gedeck	客	kè
Gemach	楹	yíng
Generation	辈	bèi
	茬	chá
	代	dài
Glas (Trink~)	杯	bēi
Glas (Vorrats~)	罐	guàn
	瓶	píng
Grad (Klasse)	流	liú
Grad (Rang)	段	duàn
Grad (Stärke)	度	dù
	级	jí
	支	zhī
Grad (Winkel)	度	dù
Gros	罗	luó
Gruppe von Personen	班	bān
	帮	bāng
	拨	bō
	茬	chá
	撮	cuō
	队	duì
	股	gǔ
	伙	huǒ
	批	pī
	起	qǐ
	群	qún
	组	zǔ
Gruppe von Tieren	批	pī
	群	qún
Halde	堆	duī
Hälfte	半	bàn
Halm	根	gēn
	茎	jīng
Hand	手	shǒu
Handspanne	拃	zhǎ
Handvoll	把	bǎ
	撮	cuō
	捧	pěng
Hauch	股	gǔ
	丝	sī
	线	xiàn
Haufen	簇	cù
	堆	duī
	窝	wō
	宗	zōng
Heft (Papierzählmaß)	叠	dié

Herde	群 qún
Hof	进 jìn
Horde	股 gǔ
	群 qún
Ingredienz	味 wèi
Injektion	针 zhēn
Jahr	年 nián
	岁 suì
	载 zǎi
Jahrgang	茬 chá
	届 jiè
Kanne	罐 guàn
	壶 hú
Kanten	块 kuài
Kapitel	回 huí
	页 yè
Kästchen	盒 hé
Kasten	箱 xiāng
Kette, Kordel	串 chuàn
	挂 guà
Kiste	箱 xiāng
Klafter	抱 bào
	搂 lǒu
	围 wéi
Klasse, -klassig	等 děng
	级 jí
	流 liú
Kloß	团 tuán
Klumpen	坨 tuó
Knäuel	团 tuán
Knolle	头 tóu
Kolumne	栏 lán
Konserve	听 tīng
Kopf (Salat)	棵 kē
Kopf (Mäuler)	口 kǒu
Korb (voll etw)	筐 kuāng
Korn	颗 kē
	粒 lì
Körnung	支 zhī
Korrektur	校 jiào
Krug	罐 guàn
	坛 tán
	扎 zhā
Kübel	桶 tǒng
Lache	摊 tān
	汪 wāng
Ladung (Fuhre)	担 dàn
Lage (Schicht)	层 céng
Leben	辈 bèi
Lebens-jahrzehnt	旬 xún
	秩 zhì
Leitung (Telefon)	门 mén
Lektion	课 kè
Lieferung	票 piào
Linie	路 lù
	条 tiáo
Löffel	勺 sháo
Mahlzeit	餐 cān
Mal, -mal	把 bǎ
	倍 bèi
	遍 biàn
	次 cì
	度 dù
	番 fān
	回 huí
	和 huò
	面 miàn
	期 qī
	任 rèn
	趟 tàng
	通 tòng
	下 xià
	遭 zāo
Masche	针 zhēn
Menge (Anzahl)	批 pī
	群 qún
	些 xiē
	宗 zōng
Menge (Portion)	份 fèn
Moment	会 huì
Monat	月 yuè
Nacht	宿 xiǔ
	夜 yè
Napf	碗 wǎn
Nest	窝 wō
Nummer (Ausgabe)	期 qī
Nummer (Gebäude)	号 hào
Nummer (Zug)	次 cì

Obststück, -scheibe	瓣 bàn
Ordnung	级 jí
Paar	对 duì 副 fù 双 shuāng
Päckchen, Packen	包 bāo
Paket (Anteil)	份 fèn 手 shǒu
Paket (Packen)	包 bāo
Palette	板 bǎn
Papier-zählmaße	刀 dāo 叠 dié 令 lǐng
Paragraph	条 tiáo
Partie (Musik)	段 duàn
Partie (Spiel)	局 jú 盘 pán
Partikel	星 xīng
Pfütze	摊 tān 汪 wāng
Phalanx	队 duì
Phase	期 qī
Pille	粒 lì 丸 wán
Platz (Rang)	名 míng
Platz (Sitz~)	席 xí
Portion	顿 dùn 份 fèn 客 kè
Prise	撮 cuō
Punkt (Aufzählung)	点 diǎn 来 lái 项 xiàng 则 zé
Punkt (Bewertung)	分 fēn 环 huán
Punkt (Dezimal~)	点 diǎn
Punkt (Schriftgröße)	磅 bàng
Punkt (Stelle)	处 chù
Punkt (... Uhr)	点 diǎn
Quäntchen	点 diǎn
Rabatt	扣 kòu 折 zhé
-rädrig	轮 lún
Rang	段 duàn
Rate	期 qī
Raum (Zimmer)	楹 yíng
Regel	戒 jiè
Reihe	串 chuàn 队 duì 行 háng 列 liè 路 lù 排 pái 趟 tang 套 tào
Richtung (Fraktion)	派 pài 条 tiáo
Riegel	条 tiáo
Ries	刀 dāo 令 lǐng
Ring (Zielscheibe)	环 huán
Rolle	本 běn 卷 juǎn 盘 pán 轴 zhóu
Rotte	股 gǔ 群 qún
Route	路 lù
Rudel	批 pī 群 qún
Ruf	声 shēng
Runde (Kampf, Spiel)	合 hé 盘 pán
Runde (Kreis)	遭 zāo 周 zhōu
Runde (Schnaps)	巡 xún
Runde (Treffen)	席 xí
Runde (Zyklus)	轮 lún
Sack	包 bāo
Satz (Partie)	局 jú 盘 pán
Satz (Set)	套 tào 组 zǔ
Schachtel	盒 hé
Schale	碗 wǎn
Schar	帮 bāng 群 qún
Schaufel	锹 qiāo

Scheibe	瓣 bàn 片 piàn
Schicht (Arbeits~)	班 bān
Schicht (Lage)	层 céng
Schimmer	丝 sī 线 xiàn
Schippe	锹 qiāo
Schlag (Menschen~)	路 lù
Schlange	排 pái
Schluck	口 kǒu
Schritt	步 bù
Schuss	发 fā
Schüssel	碗 wǎn
Schwall	团 tuán
Schwarm	群 qún
Seite	篇 piān 页 yè
Serie	组 zǔ
Sitz	席 xí
Sorte	番 fān 号 hào 路 lù 码 mǎ 样 yàng 种 zhǒng
Spalte	栏 lán 列 liè
Spritze	针 zhēn
Spross	枝 zhī
Sprosse, -sprossig	磴 dèng 级 jí
Spule	本 běn 卷 juǎn 轴 zhóu
Spur (Hauch)	股 gǔ 丝 sī 线 xiàn
Stange	茎 jīng 挑 tiāo 条 tiáo
Stängel	茎 jīng
Stapel	沓 dá 摞 luò
Stärke (Grad)	度 dù 级 jí 支 zhī
Stein (Uhrwerk)	钻 zuàn
Stelle (Punkt)	处 chù
Stelle, -stellig	位 wèi
Stich	针 zhēn
Stil	款 kuǎn
Stock (Bienen~)	窝 wō
Stockwerk	层 céng
Stoß (Stapel)	沓 dá 摞 luò 批 pī
Stoß (Wind~)	阵 zhèn
Strahl (Licht~)	抹 mǒ
Strähne	绺 liǔ 缕 lǚ
Strang	串 chuàn 股 gǔ 绞 jiǎo
Strauß	把 bǎ 簇 cù 束 shù
Streifen	缕 lǚ 片 piàn
Strich (in Schriftzeichen)	笔 bǐ 画 huà
Stricharten	点 diǎn 横 héng 捺 nà 撇 piě 竖 shù 提 tí
Stück (Exemplar)	册 cè
Stück (Feld~)	块 kuài
Stück (Kanten)	瓣 bàn 锭 dìng 块 kuài
Stück (Teil~)	段 duàn 节 jié 截 jié
Stückchen	星 xīng
Stufe, -stufig	磴 dèng 级 jí
Szene (Theater)	场 chǎng 景 jǐng
Tafel	板 bǎn 块 kuài 条 tiáo

Deutsch	Chinesisch
Tag	号 hào
	日 rì
	天 tiān
Tasse	杯 bēi
	盅 zhōng
Team	组 zǔ
Teil	层 céng
	段 duàn
	集 jí
	节 jié
	截 jié
	停 tíng
	项 xiàng
Teilchen	星 xīng
Teller	盘 pán
Tisch (mit Gästen)	桌 zhuō
Ton (Aussprache)	声 shēng
Topf	锅 guō
	盆 pén
Tracht	顿 dùn
Tragestange	挑 tiāo
Traglast	担 dàn
Traube	串 chuàn
	簇 cù
Tropfen	滴 dī
Tube	管 guǎn
Tüte	袋 dài
Typ	款 kuǎn
	路 lù
	种 zhǒng
Umdrehung	周 zhōu
	转 zhuàn
Umkreisung	周 zhōu
Verband (milit)	支 zhī
Verbindung (Telefon~)	门 mén
Verhandlung (Gerichts~)	堂 táng
Version (~snummer)	版 bǎn
Viertel	角 jiǎo
	刻 kè
Wanne	盆 pén
Welle	片 piàn
	阵 zhèn
Weile	场 cháng
	阵 zhèn
Wert	度 dù
Woche	周 zhōu
Worte	句 jù
Wurf (Zool)	胎 tāi
	窝 wō
Zehe (Knoblauch)	瓣 bàn
Zopf (Zwiebeln)	辫 biàn
Zehntel	成 chéng
	分 fēn
Zeile	行 háng
	句 jù
	排 pái
Zimmer	楹 yíng
Zinssatz	分 fēn
	厘 lí
Zug (milit)	排 pái
Zug (Schach~)	步 bù
Zug (Schluck)	口 kǒu
Zug (Straßen~)	趟 tàng
Zutat	味 wèi
Zweig	枝 zhī
Zyklus	轮 lún

Register der Maßeinheiten

Dieses Verzeichnis listet die Maßeinheiten nach Pinyin sortiert[79] auf. Ein Kürzel vor der deutschen Übersetzung gibt an, in welchem Kapitel der Eintrag zu finden ist:

brit	Angelsächsische Maßeinheiten, S. 145
dt	Deutsche Maßeinheiten, S. 143
hist	Historische Maßeinheiten, S. 141
ME	SI-fremde Maßeinheiten, S. 148
SI	SI-Einheiten, S. 146

阿熙提 āxītí	ME Apostilb
埃 āi	ME Ångström
安(培) ān(péi)	SI Ampere
盎司 àngsī	brit Unze
奥斯特 àosītè	ME Oersted
巴 bā	ME Bar
靶(恩) bǎ('ēn)	ME Barn
百分度 bǎifēndù	ME Gon, Neugrad
百克 bǎikè	dt Hektogramm
百米 bǎimǐ	dt Hektometer
百升 bǎishēng	dt Hektoliter
磅 bàng	brit Pfund
磅每平方英寸 bàng měi píngfāngyīngcùn	ME Pfund pro Quadratzoll (PSI)
贝 bèi	SI Bel
贝可(勒尔) bèikè(lè'ěr)	SI Becquerel
标准大气压 biāozhǔn dàqìyā	ME Physikalische Atmosphäre
步 bù	hist Maßeinheit
长吨 chángdūn	brit Tonne
尺 chǐ	hist Elle
寸 cùn	hist Zoll
撮 cuō	hist Milliliter
达因 dáyīn	ME Dyn
打兰 dǎlán	brit Drachme
石 dàn	hist Hektoliter
担 dàn	dt, hist Zentner
旦(尼尔) dàn(ní'ěr)	ME Denier
电子伏(特) diànzǐfú(tè)	ME Elektronenvolt
斗 dǒu	hist Dekaliter
度 dù	ME Grad
度电 dùdiàn	ME Kilowattstunde
短吨 duǎndūn	brit am. Tonne
吨 dūn	ME Tonne
尔格 ěrgé	ME Erg
法(拉) fǎ(lā)	SI Farad
分 fēn	ME Minute hist Maßeinheit
分克 fēnkè	dt Dezigramm
分米 fēnmǐ	dt Dezimeter

[79] *Die alphabetische Suche nach den deutschen Bezeichnungen kann mit Hilfe des Sachregisters (S. 185) erfolgen.*

分升 fēnshēng	dt Deziliter
伏(特) fú(tè)	SI Volt
辐透 fútòu	ME Phot
高热力 gāorèlì	⇨ 卡 kǎ
高斯 gāosī	ME Gauß
戈(瑞) gē(ruì)	SI Gray
格令 gélìng	brit Gran
合 gě	hist Deziliter
弓 gōng	hist Doppelschritt
工程大气压 gōngchéng dàqìyā	ME Technische Atmosphäre
公担 gōngdàn	dt Doppelzentner dt Quintal
公斤 gōngjīn	SI Kilogramm
公斤力 gōngjīnlì	ME Kilopond
公里 gōnglǐ	dt Kilometer
公里每小时 gōnglǐ měi xiǎoshí	ME Kilometer pro Stunde
公亩 gōngmǔ	dt Ar
公顷 gōngqǐng	ME Hektar
光年 guāngnián	ME Lichtjahr
海里 hǎilǐ	ME Seemeile
亥夫纳烛光 hàifúnà zhúguāng	ME Hefner-Kerze
毫 háo	hist Maßeinheit
毫克 háokè	dt Milligramm
毫米 háomǐ	dt Millimeter
毫米汞柱 háomǐ gǒngzhù	ME Millimeter Quecksilbersäule
毫米水柱 háomǐ shuǐzhù	ME Millimeter Wassersäule
毫升 háoshēng	dt Milliliter
赫(兹) hè(zī)	SI Hertz
亨(利) hēng(lì)	SI Henry
忽 hū	hist Maßeinheit
忽米 hūmǐ	dt 1/100 mm
斛 hú	hist Metze
弧度 húdù	SI Radiant
华氏度 huáshìdù	ME °Fahrenheit
锾 huán	hist Maßeinheit
及尔 jí'ěr	brit Gill
伽 jiā	ME Gal
加仑 jiālún	brit Gallone
焦(耳) jiāo('ěr)	SI Joule
角分 jiǎofēn	ME Winkelminute
角秒 jiǎomiǎo	ME Winkelsekunde
节 jié	ME Knoten
斤 jīn	dt, hist Pfund
居里 jūlǐ	ME Curie
钧 jūn	hist Maßeinheit
卡 kǎ	ME Kalorie
开(尔文) kāi('ěrwén)	SI Kelvin
坎(德拉) kǎn(délā)	SI Candela
克 kè	dt Gramm hist Maßeinheit
克拉 kèlā	ME Karat
库(仑) kù(lún)	SI Coulomb
夸脱 kuātuō	brit Quart
拉德 lādé	ME Rad
勒(克斯) lè(kèsī)	SI Lux
雷姆 léimǔ	ME Rem
厘 lí	hist Maßeinheit

厘米 límǐ	dt Zentimeter
厘升 líshēng	dt Zentiliter
里 lǐ	hist chin Meile
立方厘米 lìfānglímǐ	dt Kubikzentimeter
立方码 lìfāngmǎ	brit Cubic Yard
立方米 lìfāngmǐ	dt Kubikmeter
立方英尺 lìfāngyīngchǐ	brit Kubikfuß
立方英寸 lìfāngyīngcùn	brit Kubikzoll
链 liàn	ME Kabellänge
两 liǎng	hist Tael hist Maßeinheit
列氏度 lièshìdù	ME °Reaumur
流(明) liú(míng)	SI Lumen
伦琴 lúnqín	ME Röntgen
码 mǎ	brit Yard
马力 mǎlì	ME Pferdestärke
迈 mài	brit Meile
麦(克斯韦) mài(kèsīwéi)	ME Maxwell
美吨 měidūn	brit am. Tonne
米 mǐ	dt, SI Meter
秒 miǎo	SI Sekunde
秒差距 miǎochājù	ME Parsec
摩(尔) mó('ěr)	SI Mol
亩 mǔ	hist Maßeinheit
姆(欧) mǔ('ōu)	ME Mho
年 nián	ME Jahr
牛(顿) niú(dùn)	SI Newton
欧(姆) ōu(mǔ)	SI Ohm
帕(斯卡) pà(sīkǎ)	SI Pascal
配克 pèikè	brit Peck
匹 pǐ	hist Maßeinheit
品脱 pǐntuō	brit Pinte
平方公里 píngfānggōnglǐ	dt Quadrat-kilometer
平方码 píngfāngmǎ	brit Square Yard
平方米 píngfāngmǐ	dt Quadratmeter
平方英尺 píngfāngyīngchǐ	brit Quadratfuß
平方英寸 píngfāngyīngcùn	brit Quadratzoll
平方英里 píngfāngyīnglǐ	brit Quadratmeile
泊 pō	ME Poise
蒲式耳 púshì'ěr	brit Bushel
千克 qiānkè	SI Kilogramm
千升 qiānshēng	dt Kiloliter
钱 qián	hist Maßeinheit
顷 qǐng	hist Maßeinheit
球面度 qiúmiàndù	SI Steradiant
屈光度 qūguāngdù	ME Dioptrie
仞 rèn	hist Körperlänge
日 rì	ME Tag
垧 shǎng	hist Maßeinheit
勺 sháo	hist Löffel
舍 shè	hist Maßeinheit
摄氏度 shèshìdù	ME °Celsius
升 shēng	ME Liter

十克 shíkè	dt Dekagramm
十米 shímǐ	dt Dekameter
十升 shíshēng	dt Dekaliter
丝 sī	hist Maßeinheit
丝米 sīmǐ	dt 1/10 mm
斯托克斯 sītuōkèsī	ME Stokes
特(克斯) tè(kèsī)	ME Tex
特(斯拉) tè(sīlā)	SI Tesla
天 tiān	ME Tag
天文单位 tiānwén dānwèi	ME Astronomische Einheit
托 tuō	ME Torr
庹 tuǒ	hist Klafter
瓦(特) wǎ(tè)	SI Watt
微克 wēikè	dt Mikrogramm
微米 wēimǐ	dt Mikrometer
韦(伯) wéi(bó)	SI Weber
位 wèi	SI Bit
西(门子) xī(ménzǐ)	SI Siemens
熙提 xītí	ME Stilb
希(沃特) xī(wòtè)	SI Sievert
小时 xiǎoshí	ME Stunde
寻 xún	hist Klafter
桶油 yītǒng	brit Barrel
引 yǐn	hist Maßeinheit
英尺 yīngchǐ	brit Fuß
英寸 yīngcùn	brit Zoll
英吨 yīngdūn	brit Tonne
英里 yīnglǐ	brit Meile
英亩 yīngmǔ	brit Acre
原子质量单位 yuánzǐ zhìliàng dānwèi	ME Atomare Maßeinheit
丈 zhàng	hist Maßeinheit
咫 zhǐ	hist Elle
铢 zhū	hist Maßeinheit
锱 zī	hist Maßeinheit
字节 zìjié	SI Byte
总登记吨 zǒngdēngjìdūn	ME Brutto-registertonne

Sachregister